EDUCAÇÃO COMO EXERCÍCIO DO PODER:
crítica ao senso comum em educação

Questões da Nossa Época
Volume 4

Dados Internacionais de Catalogação na Publicação (CIP)
(Câmara Brasileira do Livro , SP, Brasil)

Paro, Vitor Henrique
   Educação como exercício do poder : crítica ao senso comum em educação / Vitor Henrique Paro. — 3. ed. — São Paulo : Cortez, 2014. — (Coleção questões da nossa época ; v. 4)

   Bibliografia.
   ISBN 978-85-249-2288-6

   1. Educação - Filosofia 2. Poder (Ciências sociais) 3. Senso comum I. Título. II. Série.

14-09848   CDD-306.43

Índices para catálogo sistemático:
1. Educação como exercício de poder : Sociologia educacional   306.43
2. Poder e educação : Relação : Sociologia educacional   306.43

Vitor Henrique Paro

EDUCAÇÃO COMO EXERCÍCIO DO PODER:

crítica ao senso comum em educação

3ª edição
3ª reimpressão

CORTEZ EDITORA

EDUCAÇÃO COMO EXERCÍCIO DO PODER: crítica ao senso comum em educação
Vitor Henrique Paro

Capa: aeroestudio
Preparação de originais: Carmen T. da Costa
Revisão: Fernanda Magalhães
Composição: Linea Editora Ltda.
Coordenação editorial: Danilo A. Q. Morales

Nenhuma parte desta obra pode ser reproduzida ou duplicada sem autorização expressa do autor e do editor.

© 2008 by Autor

Direitos para esta edição
CORTEZ EDITORA
Rua Monte Alegre, 1074 – Perdizes
05014-001 – São Paulo – SP
Tel.: (11) 3864-0111 Fax: (11) 3864-4290
E-mail: cortez@cortezeditora.com.br
www.cortezeditora.com.br

Impresso no Brasil – **agosto de 2025**

Sumário

Prefácio 7
Beatriz Fétizon

Apresentação 15
Vitor Henrique Paro

Educação 20
Poder 33
Educação e Poder 47

Referências bibliográficas 76

Apêndices
Apêndice 1: A escola pública que queremos 81
Apêndice 2: A educação é necessariamente
política 98

Prefácio

Diz a lenda que um homem, certo dia, perguntou a Deus: "Senhor, tudo o que criaste foi para poder ser usado em nosso proveito. Mas, há uma de Vossas criações que não entendo. O horizonte, Senhor. Por que criaste o horizonte — algo tão inútil que, quanto mais procuramos alcançá-lo, mais de nós se afasta?" E o Senhor respondeu: "Foi exatamente para isso que o criei: para fazer-vos caminhar."

Pois bem. Este, como de resto todos os trabalhos de Vitor Paro, tem por fim abrir-nos horizontes — e tem por função fazer-nos caminhar. O texto é uma excelente discussão. Amplitude e profundidade caracterizam o tratamento de cada um de seus tópicos. São características essenciais para o exame teórico-sistemático de questões — mas são de difícil conciliação. A amplidão do horizonte tende sempre a tornar superficial e disperso o olhar que apreciaria o espaço que esse horizonte define (mas já antecipo que o autor tirou de letra tal conciliação).

A discussão é de particular interesse. Primeiramente, pela natureza das questões examinadas. E pela forma como tal discussão é feita. Vitor Henrique Paro tem a raríssima qualidade de discutir com clareza, precisão e concisão (inclusive nas falas coloquiais) as questões teóricas a que dispensa tratamento sistemático. É capaz de criar suspenses, que são sempre desvendados, mas que prendem irremediavelmente o leitor à espera do *desfecho*. Eu costumo dizer que ler Vitor Paro é mais do que *aprender*. É aprender agarrado ao texto como se um enredo fora, à espera da solução final (e notem que eu disse *agarrado,* não disse *amarrado* — ninguém nos amarra aos textos de Vitor Paro; somos nós que nos *agarramos* a eles).

O trabalho discute a "relação entre poder e educação", tendo em vista que a "compreensão da educação como exercício do poder" contribui para a eficácia do exercício pedagógico, permitindo compreender como o processo pedagógico se efetiva; e "pode facilitar a concepção de uma prática escolar mais democrática e de uma organização escolar mais condizente com essa prática".

A pergunta inicial é: o que seria uma *educação* enquanto *exercício de poder*? O primeiro passo da resposta será a explicitação dos significados de *poder* e de *educação*. Um belo e longo percurso que nos abre amplas perspectivas para os estudos de educação (quer se trate de desenvolvimento de conduta ou de aquisição de valores).

Mostram-se, a seguir, as consequências das distorções do entendimento de *educação* pelo *senso comum*. Consequências de longo alcance, de vez que tal entendimento está presente na maior parte da sociedade, inclusive em todos os graus escolares — do fundamental ao superior —, acarretando sérias distorções no que se entende, também, por educador e por *educando*. E a pesquisa evolui, então, para a busca do significado do termo *educação*, nas *Ciências Humanas*.

No senso comum, *educação* e *ensino* são tidos por *sinônimos*: ambos se reduzem à *passagem de conhecimento* — ainda quando se trate de *valores* ou *atitudes*. O importante é sempre o conteúdo, o *educador* é o simples provedor de conhecimentos e informações; e o *educando*, o mero receptáculo a tais conteúdos.

Já para as *Ciências Humanas*, a *educação* seria, num sentido amplo, *apropriação da cultura*, condição fundamental para a *formação do homem em sua integralidade* — e ocupar-se disto supõe a prévia explicitação do sentido em que se toma *cultura*. Tais questões, contudo, só podem ser tratadas após a explicitação da especificidade *histórica* deste *homem* que é o *objetivo* e o *sujeito* mais próprios da educação. E o autor passa a examinar *Homem, História, Cultura*.

É um longo e fascinante percurso. Parte do *homem* enquanto *transformador da natureza* que lhe é *externa* e chega ao *homem transformador de sua própria natureza*. Investiga, pois, o *homem* enquanto *autor da história* e *produtor e apropriador da cultura* construindo-se, assim, *humano--histórico* — que se apropria da *cultura*, a cria e a recria.

Ora, em seu sentido mais próprio, a *Educação* está diretamente ligada à *integralidade do homem* e, portanto, a sua *condição histórica* e ao *exercício* de tal função. Logo, "à cultura humana em sua inteireza". Assim posto, o *homem* aparece como ser necessariamente *social* e, portanto, *político*. A discussão termina pela formulação de uma concepção mais abrangente e rigorosa de *educação*, o que exige, também, pesquisa, além de discussão e apropriação de novas metodologias de ensino.

Recusada, pois, a concepção de *homem* construída e professada pelo senso comum, todos os procedimentos didáticos passam a estar necessariamente vinculados à condição de *sujeito* do *educando*, e ao efetivo *exercício* dessa função.

A discussão de Vitor Paro é paulatina, minuciosa, ampla e devidamente remissiva a outras perspectivas e possibilidades de tratamento. Mas o seu *leitmotiv* é o *homem* e, portanto, o educador e o educando enquanto *sujeitos*. Sempre enquanto *sujeitos*. As implicações disto para o *educador* e para a *escola* são de explicitação e conhecimento absolutamente indispensáveis. O que se sente, ao ler o texto, é que sem tal explicitação e sem tal conhecimento não estaríamos mais falando nem de *escola*, nem de *educador*, nem de *educando*... e nem de *gente* (!). Tal discussão abre novos horizontes para o tratamento de *educador*, de *educando* e de *escola* e neste tratamento emergem a consideração e a discussão do *exercício do poder intrinsecamente ligado à educação*.

Explicitado o sentido em que estão sendo tomados o termo *poder* e as categorias de seu *exercício*, o autor se ocupa do *exercício do poder na sociedade capitalista*. Muito interessante a consideração da existência necessária de uma dimensão *individual* no *exercício do poder* que envolva relações entre pessoas ou grupos, exercício, portanto, necessariamente *social* quando se tratar de *poder-fazer*. E a discussão progride para o exame do *poder-para* e do *poder-fazer* e seus respectivos *estados*: *poder atual* e *poder potencial*.

Poder atual e *poder potencial* são abordados no exame do *processo educativo*, especialmente em suas implicações para a *condição de sujeito* — quer se trate do *educador* ou do *educando*. Aliás, é talvez esta a parte mais instigante do trabalho: a condição de *sujeito*, de *ambos*. E não deixam de ser consideradas as implicações disto tudo para a definição da metodologia (e, consequentemente, para seu exercício).

A discussão sobre a *conceituação* e os *usos* do *poder* considera somente a abrangência do termo enquanto referente à *capacidade de agir e produzir feitos sobre coisas, fenômenos naturais, pessoas, ou grupos humanos*. Está descartada a discussão do *poder das coisas* (poder calorífero, por exemplo). É discutido o *poder* tão somente *enquanto tenha por sujeito o ser humano*. E é abordado em seus diversos *modos: poder--para* e *poder-fazer; poder atual* e *poder potencial*. E neste conjunto, para os *estudos* de *educação* e as *práticas* da *educação sistemática*, é particularmente interessante a consideração dos modos *atual* e *potencial*, pois remetem à consideração da *autoridade* e da *obediência*. O que supõe, por sua vez, a abordagem das formas *institucionalizada* e *estabilizada* de *poder*. E, como a maior ou menor ocorrência de *obediência* ao *poder estabilizado* bem como a *institucionalização do poder* dependem do *julgamento* que *pessoas e grupos façam do poder em questão e daqueles que o exercem*, ganha relevo a apreciação das *imagens sociais do poder*, da *autoridade* (que não é sinônimo de *poder*), da *forma democrática do exercício do poder* e, especialmente, na *educação*, das questões de *poder versus autoridade* e da *autoridade versus autoritarismo*.

Uma das partes mais interessantes de toda essa discussão é a que examina o exercício do poder nas formas *coerção, manipulação* e *persuasão*. Rica exposição, sobretudo pela longa *reticência* que nos abre a consideração das *fronteiras entre elas* e das *invasões da manipulação*; e a relação *persuasão/poder-fazer* (no caso, oposto ao *poder-sobre*, que é próprio da *coerção* e da *manipulação*). Muito interessante o exame do *poder-sobre* relativamente ao *poder-fazer*.

A última parte do trabalho examina de perto a relação *Educação/Poder*: o *poder atual* e *potencial* no *processo* e nas *práticas educativas*. Uma das partes mais importantes desse exame refere-se ao *Currículo*. Inclui o exame da concepção de currículo esposada pela *escola* e o das diversas práticas pedagógicas por ele (*currículo*) solicitadas — desde a *composição dos programas*, até a *concepção e os mecanismos de práticas didático-metodológicas* e de *avaliação de aprendizado*. Os grandes destaques se fazem para o tratamento do *Currículo Oculto* subjacente às *práticas educacionais* (sejam elas *didáticas* ou *políticas*). Dentre o vasto elenco de questões que aí se abrigam, destaco, de forma especial, as que envolvem *relacionamento* — inclusive *sua coibição* (desde o acesso à escola fundamental e por todo o percurso escolar do educando); o alcance e as feições, na escola, do *poder estabilizado* e do *institucionalizado*; do *poder atual* e do *potencial*; o *exercício da autoridade* e a *relação poder/autoridade* (especialmente para a configuração do *poder legítimo* e do *exercício legítimo do poder*). Um exame particularmente interessante para a *compreensão dos muitos insucessos da escola*.

O autor finaliza esta parte do exame da *relação entre poder e educação*, com a abordagem das *condições* em que o *poder potencial* se torna *atual* nas relações e identifica a *persuasão* como a *única forma de exercício do poder numa educação e numa sociedade democráticas* — a *persuasão* na perspectiva do *diálogo* que nos confrontará com uma (estranha? incômoda?) peculiaridade: *seu caráter de incerteza*: "a educação é sempre uma possibilidade, não uma certeza".

Conclusão — É, efetivamente, um trabalho sério e produtivo, apontando para todo um horizonte de *possibilidades de direção, diversificação* e *modalidades* de desenvolvimento para cada item tratado; e que consegue, além do mais, *conciliar profundidade de tratamento* e *"fascínio de enredo"* — cometendo o aparente absurdo da *conciliação de seriedade, profundidade, sistematização rigorosa, linguagem técnica e atendimento escrupuloso das exigências de uma estrita racionalidade científica de investigação e da abertura de perspectivas para um continuado futuro aprofundamento* — conciliar tudo isso, pois, com um delicioso clima de enredo/suspense sherlockianos...! Muito, muito, muito bom!

Dezembro 2007

Beatriz Fétizon
Professora Doutora Aposentada da
Faculdade de Educação da USP

Apresentação

Este livro compõe-se de um texto principal e dois apêndices. O texto principal, inicialmente intitulado "Educação como exercício do poder: implicações para a prática escolar democrática", é produto de pesquisa intitulada "A Administração Escolar e a Condição Política da Educação", desenvolvida no Departamento de Administração Escolar e Economia da Educação da Feusp, com financiamento parcial do CNPq, e cujo relatório integral encontra-se em Paro, 2007a. Inicialmente, eu tinha a intenção de publicá-lo como artigo, mas sua extensão e a sugestão de amigos que leram a primeira versão acabaram determinando sua publicação na forma de livro. O título atual parece dizer com maior propriedade o escopo principal da obra, que foi detectado por educadores que a leram como sendo o seu caráter mais marcante, ou seja, a crítica a uma concepção vulgar de educação. Tratando também desse tema, foram acrescentados dois apêndices: uma palestra e uma entrevista, realizadas recentemente, que, embora repitam conteúdos já presentes no trabalho principal, o fazem de uma forma mais coloquial e podem servir como maior elucidação do tema principal do livro.

Quando concluía a primeira versão do texto principal, tive a sorte de mencionar o fato em conversa telefônica para minha queridíssima amiga Beatriz Alexandrina de Moura Fétizon, que se interessou pelo tema e solicitou-me que lhe remetesse uma cópia. Decorrido cerca de um mês, ela me enviou uma mensagem eletrônica que me deixou extremamente lisonjeado por sua reação positiva e por suas palavras elogiosas ao conteúdo. Fez algumas sugestões bastante pertinentes e estimulou-me a publicá-lo o quanto antes. São dela, portanto, minhas primeiras palavras de agradecimento.

Incentivado pela acolhida inicial, decidi remeter o texto para uma série de outros amigos educadores, solicitando sua apreciação. Quase todos leram o texto e responderam com elogios, críticas e sugestões, que, em sua maioria, foram acatadas. A esses amigos meus sinceros agradecimentos pela atenção, pelo estímulo e pela colaboração que ofereceram para que o texto ficasse melhor. São eles: Carlos Roberto Jamil Cury, Carlos V. Estêvão, Celso João Ferreti, Claudia Pereira Vianna, José Antonio Có Onça, José Augusto Dias, Licínio C. Lima, Manoel Oriosvaldo de Moura, Marcos Antonio Lorieri, Marcos Cezar de Freitas, Maria Lúcia de Abrantes Fortuna, Marli E. D. A. André, Pedro Goërgen, Terezinha Azerêdo Rios, Valdemar Sguissardi e Walter Esteves Garcia.

A versão original do trabalho foi lida e discutida no contexto do Grupo de Estudos e Pesquisas em Administração Escolar (Gepae), que tenho a honra de coordenar na Faculdade de Educação da Universidade de São Paulo. Registro aqui minha gratidão a todos os que participaram dessa discussão e contribuíram com suas críticas e sugestões.

Meus agradecimentos também a Iana e a Laura, minhas queridas filhas, que leram com atenção os originais e deram seus pareceres e sugestões.

Finalmente, mas não menos importante, agradeço a Thais, minha querida esposa, que, com paciência e espírito crítico, acompanhou todo o trabalho de redação, com críticas, sugestões e palavras de incentivo.

Certamente as ideias aqui emitidas (bem como suas possíveis falhas) são de minha inteira responsabilidade, não devendo ser imputadas a nenhuma das pessoas mencionadas, a quem agradeço pela colaboração e pela oportunidade de melhorias no texto final.

Neste livro estudaremos a relação entre poder e educação. Acreditamos que a compreensão da educação como exercício do poder pode trazer maior clareza sobre como se efetiva o processo pedagógico, contribuindo para sua maior eficácia, e pode facilitar a concepção de uma prática escolar mais democrática e de uma organização da escola mais condizente com essa prática. Comecemos por examinar o que significa tomar a educação como exercício do poder, o que exige de imediato tornar mais claro o significado desses dois termos: poder e educação.

Educação

Para uma compreensão mais ampla e profunda da educação é preciso, preliminarmente, considerar os usos comuns do termo com vistas a diferenciá-los do significado mais rigoroso que pretendemos lhe dar. Na linguagem comum, educação é normalmente associada a ensino, quer para servir-lhe de sinônimo, quer para dele diferenciar-se. O uso diferenciado se dá, em geral, no senso comum, quando se associa a educação ao campo dos valores e das condutas, aquela por meio da qual se propicia ao educando formação moral e disposição à prática dos bons costumes, e se associa o ensino à "passagem" de conhecimentos e informações, contidos nas disciplinas teóricas ou nas ciências de um modo geral e que são úteis para a vida em geral ou para o exercício de uma ocupação. Nesse modo diferenciado de entender a educação e o ensino, a primeira é geralmente imputada ao lar ou à família e o segundo é atribuído à escola. Na conversa com pais de alunos, e mesmo com professores, costuma-se ouvir que a educação se dá em casa e que na escola é o lugar da instrução (outro nome dado ao ensino para enfatizar seu caráter mais instrumental). Mas esses dois termos são também usados generalizadamente como sinônimos tanto no senso comum quanto nos meios acadêmicos, quando, por exemplo, se diz indiferenciadamente "educação básica" e "ensino básico", para referir-se a questões ligadas a esse nível de ensino (ou de educação), ou quando se diz indistintamente "sistema de ensino" e "sistema de educação", "ensino pré-escolar" e "educação pré-escolar", etc.

O mais importante na concepção de educação do senso comum, porém, não é se o termo é ou não utilizado como sinônimo de ensino, e sim, a forma não científica como se concebe a maneira pela qual a educação (ou o ensino) se realiza. Para a imensa maioria das pessoas a aparência da relação entre dois indivíduos que se comunicam é que acaba por prevalecer, e se acredita que educação (ou ensino) é a simples "passagem" de conhecimentos e informações de quem sabe para quem não sabe. Mesmo quando se trata de desenvolvimento de condutas e de aquisição de valores, a forma de educar consiste predominantemente na "passagem" verbalizada (oral ou escrita) de conhecimentos e de informações de quem educa para quem é educado. Nesse processo, o mais importante é o conteúdo a ser "transmitido", aparecendo o educador como simples provedor dos conhecimentos e informações e o educando como simples receptáculo desses conteúdos. O que conta é o conteúdo, que pode ser mais ou menos rico, dependendo de sua quantidade e qualidade.

Ao mesmo tempo, o conteúdo é visto como totalmente independente da forma, ou do método de ensino. Este, por sua vez, ignora completamente as características e condições tanto de educador quanto de educando. Tanto um quanto outro ficam como que "abstraídos" do processo. O papel do educador, de quem se espera que detenha o conhecimento, é o de apresentar ou de expor determinado conteúdo ao aluno que, por sua vez, tem como obrigação esforçar-se por compreender e reter tal conteúdo.

O método de ensino (qualquer ensino) acaba reduzido, ao fim e ao cabo, a uma apresentação ou exposição de *conhecimentos e informações*, sem qualquer consideração pela subjetividade de educador e de educando. Por isso, em lugar de levar em conta os três elementos do processo (educador, educando e conteúdo) e suas mútuas relações, para procurar organizá-los e criar as opções metodológicas de cada situação, o que se faz é concentrar as atenções apenas no conteúdo. As iniciativas didáticas consistem, então, em dispor e organizar esse conteúdo da maneira mais adequada a sua explicação pelo mestre e a sua compreensão e apreensão pelo aluno. Não faltam aqui as tradicionais máximas de se partir do simples para o complexo e do concreto para o abstrato. Mas as opções didáticas não são ditadas por características do educando ou do educador, e sim, do conteúdo: conhecimentos mais complexos, por exemplo, precisam ser desmembrados em parcelas mais simples para serem apreendidos. O que prevalece, entretanto, é o contexto da explicação. O educador é, no fundo, um explicador de conteúdos.

Esta é, na verdade, a concepção tradicional de educação,[1] há muito presente difusamente em toda a sociedade. Mas não é exclusiva das pessoas leigas em teoria peda-

---

1. O termo *tradicional* para qualificar a educação não é utilizado neste texto para referir-se a determinada tendência ou "escola" teórica dos estudos de educação, mas apenas e tão somente para nominar aquilo que o senso comum idealiza como sendo a boa *prática* pedagógica escolar, entre outras razões por ser essa prática considerada aquela que *tradicionalmente* teria conseguido alcançar os objetivos valorizados pelo mesmo senso comum.

gógica, pois não é difícil encontrá-la, com um ou outro retoque, em discursos acadêmicos — mesmo naqueles especializados em educação —, assim como é possível notar sua presença nos pressupostos de muitas propostas de políticas públicas para a melhoria da qualidade do ensino escolar. De uma forma ou de outra, o mais dramático para o desenvolvimento da educação é que, de modo geral, é esta concepção tradicional que prevalece e orienta a prática escolar no Brasil.

Para se confirmar a marcante presença dessa concepção não científica de educação em nossas escolas e sistemas de ensino, basta atentar para o fato de que, em todos os níveis de escolaridade, do ensino fundamental à pós-graduação universitária, com educandos dos mais diferentes estádios de desenvolvimento biológico, psicológico e social, os métodos e procedimentos de ensino são basicamente os mesmos. Se observamos uma aula típica de um curso de doutorado e comparamos com uma aula típica do primeiro ano do ensino fundamental, percebemos a vigência da mesma forma de relação entre educador e educandos: o professor explicando um conteúdo a um grupo de alunos sentados a sua frente e confinados numa sala de aula, por um período de quatro a cinco horas diárias.

Se pretendemos, todavia, tratar a educação de forma científica, precisamos de um conceito mais rigoroso, que nos fale mais de perto de sua especificidade e de sua condição.

Podemos começar por dizer que, em seu sentido mais amplo, *a educação consiste na apropriação da cultura*. Esta, entendida também de forma ampla, envolve conhecimentos, informações, valores, crenças, ciência, arte, tecnologia, filosofia, direito, costumes, tudo enfim que o homem produz em sua transcendência da natureza. À natureza (tudo aquilo que existe independentemente da vontade e da ação dos homens) contrapõe-se a cultura (tudo que o homem produz ao fazer história).

Perceba-se que, ao tomar a cultura (e não unicamente uma pequena parte dela, como faz o pensamento tradicional) como objeto de apropriação do educando, esse conceito amplia enormemente o campo dos chamados conteúdos da educação, que se estende para muito além das fronteiras em que se circunscrevem o senso comum e a escola tradicional. E isto assim é porque esse conceito de educação não tem por fim desenvolver competências e habilidades nos alunos que os capacitem apenas a responder testes e provas para passar no vestibular ou ingressar no mercado de trabalho, mas visa à formação do homem em sua integralidade.

Pensar o homem como o objetivo da educação exige, antes de tudo, ter clareza a respeito de sua especificidade histórica. O que capacita o homem a tornar-se histórico é, antes e acima de tudo, sua condição de sujeito. É como sujeito que o homem se diferencia do restante da natureza. Ele é o único ser para quem o mundo não é indiferente (Ortega y Gasset, 1963). Isso significa que ele é o único que se desprende de sua condição meramente natural, pronunciando-se diante do real e criando valores. Na criação de valores ("Isto é bom, isto não é.") revela-se o caráter ético do homem: é por essa característica que ele transcende a necessidade natural, porque cria algo que não existe naturalmente.

A criação de um valor lhe permite estabelecer um objetivo que o satisfaça e que só pode realizar-se com a atividade do homem orientada para sua concretização. Essa "atividade adequada a um fim" (Marx, 2013, p. 212) não é nada mais que o próprio trabalho humano. Ao transformar a natureza pelo trabalho, o homem transforma-se a si mesmo, ou melhor, cria-se a si mesmo pelo trabalho, ao criar suas próprias condições de existência histórica. Percebe-se, com isso, que o conceito de homem histórico, à diferença do conceito de homem como mero animal racional, não se detém em sua corporeidade natural, mas inclui tudo aquilo que ele cria ao transcender a natureza. É por isso que se pode dizer que, à medida que ele modifica a natureza externa, pelo trabalho, "modifica sua própria natureza" (Marx, 2013, p. 211).

O homem faz história, portanto, ao produzir cultura. E ele a produz como sujeito, ou seja, como detentor de vontade, como autor. A necessidade da educação se dá precisamente porque, embora autor da história pela produção da cultura, o homem ao nascer encontra-se inteiramente desprovido de qualquer traço cultural. Nascido natureza pura, para fazer-se homem à altura de sua história ele precisa apropriar-se da cultura historicamente produzida.

A educação como apropriação da cultura apresenta-se, pois, como *atualização histórico-cultural*. Atualização aqui significa a progressiva diminuição da defasagem que existe em termos culturais entre seu estado no momento em que nasce e o desenvolvimento histórico no meio social em que se dá seu nascimento e seu crescimento. Significa que ele vai se tornando mais humano (histórico) à medida que desenvolve suas potencialidades, que à sua natureza vai acrescentando cultura, pela apropriação de conhecimentos, informações, valores, crenças, habilidades artísticas, etc., etc. É pela apropriação dos elementos culturais, que passam a constituir sua personalidade viva, que o homem se faz humano-histórico.[2] Processo esse que não está desvinculado de sua própria contribuição para a criação e recriação continuada dessa mesma cultura.

Do que vimos até aqui, convém ressaltar essas duas importantíssimas características de um conceito crítico de educação que o diferenciam radicalmente do ingênuo conceito do senso comum.

Em primeiro lugar, a preocupação da educação tomada num sentido rigoroso é com o homem na integralidade de sua condição histórica, não se restringindo a fins parciais de preparação para o trabalho, para ter sucesso em exames ou para qualquer aspecto restrito da vida das pessoas. Em segundo lugar, e em consequência disso, seu conteúdo é a própria cultura humana em sua inteireza, como produção histórica do homem, não se bastando nos conhecimentos e informações, como costuma fazer a educação tradicional.

Certamente, esses dois traços característicos do conceito crítico de educação determinam decisivamente a própria maneira de se conceber a realização prática da ação educativa. Antes, porém, de tratar dessas implicações metodológicas que, como veremos, se colocam em oposição radical ao modo tradicional de ensinar, tornam-se necessárias, ainda, algumas palavras sobre a questão política.

A consideração do homem como ser histórico implica necessariamente considerá-lo como ser social e, mais do

---

2. "Podemos dizer que cada indivíduo *aprende* a ser um homem. O que a natureza lhe dá quando nasce não lhe basta para viver em sociedade. É-lhe ainda preciso adquirir o que foi alcançado no decurso do desenvolvimento histórico da sociedade humana." (Leontiev, 2004, p. 285; grifo no original).

que isso, como ser político. Entendida a política de uma forma rigorosa e abrangente, a condição política do homem advém do fato de que ele, em sua historicidade, não pode de modo nenhum ser tomado de forma isolada. Vale repetir aqui o que afirmei em outro trabalho, reportando-me ao processo de realização histórica do homem, isto é, que esse processo

> jamais pode ser concebido isoladamente, posto que o homem só se realiza, só pode produzir sua materialidade, a partir do contato com os demais seres humanos, ou seja, a produção de sua existência não se dá diretamente, mas mediada pela divisão social do trabalho. Disso resulta a condição de pluralidade do próprio conceito de homem histórico, que não pode ser pensado isolado, mas relacionando-se com outros sujeitos que, como ele, são portadores de vontade, característica intrínseca à condição de sujeito. Dessa situação contraditória do homem como sujeito (detentor de vontades, aspirações, anseios, [...] interesses, expectativas) que precisa, para realizar-se historicamente, relacionar-se com outros homens também portadores dessa condição de sujeito, é que deriva a necessidade do conceito *geral* de política. Este refere-se à atividade humano-social com o propósito de tornar possível a convivência entre grupos e pessoas, na produção da própria existência em sociedade. (Paro, 2002, p. 15)

O político em seu sentido mais amplo envolve, portanto, a produção da convivência entre pessoas e grupos. Essa convivência, como sabemos, pode ser produzida, basicamente, de duas formas: pela dominação — quando uma das partes (grupos ou pessoas) reduz ou anula a subjetividade da outra, tomando-a como objeto — ou pelo diálogo — quando há a troca de impressões, a contraposição de interesses e de vontades, mas com a predominância da aceitação mútua e da negociação, ou seja, quando a convivência se faz com a afirmação da subjetividade de ambas as partes envolvidas. Neste último caso dá-se a democracia, em seu sentido mais amplo, de convivência pacífica e livre entre pessoas e grupos *que se afirmam como sujeitos*.

Para a educação, a principal implicação dessa condição política do humano diz respeito ao tipo de sociedade que se tem em mente em termos políticos e, por conseguinte, ao tipo de homem político que se pretende formar. Numa sociedade democrática — ou que tenha como horizonte a realização plena da democracia — as duas características essenciais do conceito de educação que acabamos de ver certamente ganham novas especificações. Com relação ao primeiro ponto, significa que tomar o homem histórico como o objetivo da educação implica formá-lo como cidadão, afirmando-o em sua condição de sujeito e preparando-o para atuar democraticamente em sociedade. Com relação ao segundo ponto, significa que, ao considerar a cultura como conteúdo da educação, nela se incluem os valores da convivência democrática, visto que a democracia é um dos elementos dessa cultura que, como toda construção histórica, só se efetiva e se estabelece historicamente.

De posse dessa concepção mais abrangente e rigorosa de educação, e tendo como horizonte a sociedade democrática, podemos agora, mesmo que em seus contornos mais genéricos, considerar as implicações metodológicas desse conceito para a prática educativa e esboçar as profundas diferenças que tais implicações representam com relação aos pressupostos da concepção tradicional de educação.

De modo bastante sintético podemos dizer que as diferenças derivam do fato de que já não se está mais preocupado apenas com a "passagem" de conhecimentos e informações, o que oferecia motivos à escola tradicional para centrar sua atenção sobre o que ela considerava como os legítimos "conteúdos". Os conteúdos continuam sendo importantes, e até ganharam abrangência muito maior, mas as atenções agora se estendem para o educador e para o educando.

O próprio conteúdo tem agora uma nova configuração, que exige outra metodologia de ensino. Quando se trata de oferecer apenas conhecimentos e informações, até se pode pensar num ensino verbalista — por mais que a prática mostre que isso não é suficiente, como trataremos de demonstrar mais adiante. Mas quando o conteúdo envolve toda a cultura, em que, além de conhecimentos e informações, acham-se contemplados valores, condutas, crenças, gosto artístico, etc., fica muito mais evidente que os métodos de ensino precisam incorporar a participação ativa do educando.

Quando o que se pretende é que o educando aprenda determinada parcela de uma matéria como aritmética ou geografia, pode *parecer* que a explicação dada por um professor dotado desses conhecimentos seja suficiente para produzir o ensino adequado. Até porque, mesmo que o aluno não tenha aprendido, a simples memorização basta para ele responder aos testes e provas e dar a impressão de que de fato assimilou esse conteúdo e de que este passou a compor sua personalidade. A coisa é outra quando o que se deseja é que o educando assimile algo para além de conhecimentos e informações constantes das tradicionais disciplinas escolares; quando se quer, por exemplo, que ele desenvolva condutas relacionadas à lealdade, ao companheirismo ou ao gosto pelo saber. Aqui o ensino não se faz meramente pela explicação, e ao professor não basta deter determinados conhecimentos, mas ser portador desses valores que se pretende desenvolver e ser capaz de oferecer, com respaldo da instituição escolar, métodos que propiciem ao educando a vivência de situações concretas em que tais valores se fazem presentes.

Quando se renuncia à concepção da educação do senso comum — que, em seus métodos de ensino, privilegia os "conteúdos" em detrimento dos sujeitos envolvidos — e se opta pela realização de uma educação democrática — que tem no ser humano-histórico sua principal referência — certamente há que se adotar outros parâmetros metodológicos, que levem em conta a condição de sujeito tanto do educando quanto do educador.

Da parte do educando, significa que sua educação só se dá se ele dela participa como detentor de vontade, como autor. Assim, não basta que ele aplique sua atividade no processo; é imprescindível que essa atividade seja orientada por sua vontade. Não se trata, portanto, do mero ativismo que tanto se tem criticado na Escola Nova.[3] O essencial a se considerar é que, se o fim a alcançar é o homem como sujeito, a maneira e os métodos utilizados precisam ser coerentes com esse fim. Sendo assim, o educando (que no processo de educação se transforma em sua personalidade viva para se constituir no ser humano educado, que é o

---

3. Embora muitas críticas à Escola Nova sejam feitas como se ela apenas a isso se reduzisse. O que não é verdade.

produto desse processo) precisa envolver-se nessa atividade como sujeito, como detentor de vontade, como alguém que aprende porque quer.

Eis a verdade cristalina com que a Didática deve deparar-se: *o educando só aprende se quiser*. Diante disso, o que há a fazer é buscar formas de levar o aluno a querer aprender. Para isso, é preciso que se levem em conta as condições em que ele se faz sujeito.

Para a escola pública básica significa que os métodos e procedimentos do ensino precisam pautar-se nas contribuições científicas da Psicologia, da Biologia, da Antropologia, da Sociologia, das ciências humanas de modo geral, e em todo conhecimento produzido sobre como se dá o desenvolvimento do homem em termos biopsíquicos e sociais desde o momento em que nasce até a maturidade. Somente assim é possível levar em conta suas potencialidades para aprender os diferentes componentes culturais que se deseja e as condições que precisam ser oferecidas para que ele se faça sujeito da aprendizagem. Significa que, longe das motivações extrínsecas ao ensino — o prêmio ou a punição — usadas e abusadas pela escola tradicional, trata-se de dotar o ensino de motivações intrínsecas.

Ou seja, diante da constatação de que o educando só aprende se quiser, é preciso fazer o ensino intrinsecamente desejável. Não se trata de cair na não diretividade ou no espontaneísmo, mas de oferecer ao educando condições para que ele, sem sacrifício de sua subjetividade, associe-se aos propósitos educativos do educador, respondendo positivamente à orientação da aprendizagem proporcionada pela pessoa ou instituição responsável por seu ensino.

Ainda com respeito às implicações metodológicas da consideração do educando como sujeito, a escola pública atual não pode negligenciar o conhecimento das condições concretas de existência do alunado, visto que não lhe é dado escolher seus alunos (ideais), nos moldes da escola elitista de ontem e de hoje. A tão decantada escola pública de antigamente, bem como as assim chamadas "boas" escolas privadas de hoje, podem dar-se ao luxo de ser incompetentes e desconsiderar os fundamentos científicos para o ensino porque baseiam sua fama de excelência no fato de escolherem como seus alunos apenas aqueles que, por sua origem socioeconômica e cultural, conseguem aprender *apesar* da escola que frequentam. Mas a escola pública de hoje, por sua vocação universal, não pode se permitir essa discriminação e, por isso, precisa estar atenta às condições de existência materiais e culturais de cada aluno ou grupo de alunos, de modo a oferecer os procedimentos e os métodos adequados para que todos de fato aprendam.

Com relação ao educador, o aspecto mais evidente de sua condição de sujeito é que, pela mesma razão que o aluno só aprende se quiser, também o professor precisa querer ensinar para conseguir fazê-lo. Sua condição de educador, envolvido portanto na construção de personalidades humano-históricas, não permite que tenha uma atitude exterior ao processo ensino-aprendizagem, como mero repetidor de "conteúdos" a seus alunos. Mais do que sujeito, ele tem a função de propiciar condições para que os educandos se façam sujeitos. Por isso, além de familiaridade com a metodologia adequada e conhecimento técnico sobre educação, ele precisa estar comprometido com o trabalho que realiza. Não basta conhecer determinado conteúdo e "explicá-lo" a seus alunos, é preciso saber *como ensinar* os conteúdos da cultura de modo a que se alcance a formação da personalidade do educando. Não basta gostar do trabalho que exerce, é preciso ter consciência política de sua função e do que ela representa na construção de seres democráticos para uma sociedade democrática.

Ciente dessa condição especial dos trabalhadores em educação, toda política educacional deve ser orientada para oferecer as condições tanto materiais (salário compatível, carreira, assistência profissional, etc.) quanto didáticas (organização e funcionamento da unidade escolar) que não só permitam mas também induzam os professores a realizar uma educação de boa qualidade.

Poder

Também o termo "poder" possui os mais diferenciados usos, o que exige uma adequada explicitação do significado específico em que o empregaremos. Em seu sentido mais geral o poder pode ser considerado como "a capacidade ou a possibilidade de agir, de produzir efeitos", podendo referir-se tanto a coisas e fenômenos naturais quanto a pessoas e grupos humanos. (Stoppino, 1991d, p. 933) Não nos interessa aqui considerar o poder de coisas (o poder calorífico, por exemplo), mas tão somente aquele que supõe o ser humano como sujeito. A este respeito o poder pode ser visto sob duas perspectivas: o poder como capacidade de *agir sobre as coisas* e o poder como capacidade de *determinar o comportamento de outros*.

Se uma relação social supõe o envolvimento de mais de um indivíduo e se, como vimos, a relação política envolve a convivência entre sujeitos, poderia parecer, à primeira vista, que apenas a segunda perspectiva nos coloca diante do poder social ou do poder político. Teríamos que admitir, então, que "não é poder social a capacidade de controle que o homem tem sobre a natureza nem a utilização que faz dos recursos naturais" (Stoppino, 1991d, p. 933), e que "o poder político pertence à categoria do poder do homem sobre outro homem, não à do poder do homem sobre a natureza" (Bobbio, 1991, p. 955).

É preciso, no entanto, estar alerta para o fato de que, em termos sociológicos, apenas por abstração se pode separar essas duas perspectivas do poder. Isto porque, na realidade, a posse ou capacidade de produzir efeitos sobre a natureza e sobre as coisas em geral não está de modo nenhum desvinculada das relações sociais. Embora se possa considerar individualmente a relação que o indivíduo tem, por exemplo, com um objeto que lhe pertence e sua capacidade de transformá-lo e de dispor dele de acordo com seus interesses — abstraindo as implicações sociais dessa posse e desse fazer —, no âmbito do real, a própria condição de pluralidade do homem, anteriormente referida, nos leva a admitir que essa relação está certamente subsumida pelas relações sociais, quando mais não seja, pela própria divisão social do trabalho inerente a toda sociedade humana.

Na sociedade capitalista, essa mútua dependência das duas dimensões do poder ("agir sobre coisas" e "determinar o comportamento de outros") ocorre em sua forma talvez mais dramática no contexto do fetichismo da mercadoria.

Segundo Karl Marx (2013, p. 92-105), nessa sociedade, as relações de produção se "materializam" nas coisas por meio das quais as pessoas se relacionam (mercadorias), conferindo a essas coisas determinada forma social. Isso torna possível que determinadas coisas (o capital, por exemplo) adquiram, pelo processo que Marx denomina de "personificação das coisas", o poder de estabelecer relações entre pessoas, conferindo ao seu proprietário essa condição. Verifica-se, desse modo, que é a propriedade de uma coisa (o dinheiro enquanto capital) que dá a uma pessoa o poder de "aparecer na forma de um capitalista e manter relações de produção concretas com outras pessoas" (Rubin, 1980, p. 35). Por isso, está certo John Holloway ao afirmar que, "na sociedade capitalista, o sujeito não é capitalista. Não é o capitalista quem toma as decisões, quem dá forma ao que se faz. O sujeito é o valor. O sujeito é o capital, o valor acumulado. Aquilo que o capitalista 'possui', o capital, deixou de lado os capitalistas. Eles são capitalistas só na medida em que são serventes fiéis do capital." (Holloway, 2003, p. 57)

Desse modo, embora só se possa falar de poder social quando estão envolvidas as relações entre pessoas ou grupos, não se pode elidir dessas relações sociais certa dimensão mais individual do poder, atinente ao poder sobre as coisas ou mesmo as capacidades físicas e intelectuais de cada indivíduo. A esse respeito, quem oferece uma contribuição teórica importante é John Holloway, ao introduzir o conceito de poder como poder-fazer. Diz ele:

> O poder, em primeiro lugar, é simplesmente isto: faculdade [...], capacidade de fazer, a habilidade para fazer coisas. O

fazer implica poder, poder-fazer. Nesse sentido, é comum que utilizemos 'poder' para nos referirmos a algo bom: eu me sinto poderoso, me sinto bem. [...] Vamos a uma boa reunião política e saímos com uma sensação intensificada de nosso poder. Lemos um bom livro e nos sentimos fortalecidos. O movimento feminista deu às mulheres uma maior sensação do seu próprio poder. Poder, nesse sentido, pode ser entendido como 'poder-para', poder-fazer. (Holloway, 2003, p. 48)

Todavia, não se deve acreditar que esse poder-fazer represente apenas uma potencialidade ou um atributo individual. Por isso, e em consonância com o que dissemos a respeito do poder como capacidade de agir sobre as coisas, Holloway faz questão de salientar que o poder-fazer

> é sempre poder social, ainda que possa não se parecer com ele. [...] Nosso fazer é *sempre* parte do fluxo social de fazer, mesmo quando aparece como um ato individual. Nossa capacidade de fazer é sempre um entrelaçamento de nossa atividade com a atividade anterior ou atual de outros. Nossa capacidade de fazer sempre é o resultado do fazer dos outros.
>
> O poder-fazer, portanto, nunca é individual: sempre é social. Não se pode pensar que existe em um estado puro, imaculado, porque sua existência sempre será parte da maneira em que se constitua a sociabilidade, da maneira em que se organize o fazer. (Holloway, 2003, p. 48-49; grifo no original.)

Desse modo, chamar a atenção para a dimensão do poder como capacidade de agir ou de fazer não implica, certamente, admitir que haja poder social desligado das relações sociais, nem ignorar a observação de Mario Stoppino de que "não existe poder, se não existe, ao lado do indivíduo ou grupo que o exerce, outro indivíduo ou grupo que é induzido a comportar-se tal como aquele deseja." (Stoppino, 1991d, p. 934) Assim, a perspectiva do poder como a capacidade de determinar o comportamento de outros é uma dimensão necessária do poder que, por seu próprio enunciado, se mostra explicitamente social. Mas a perspectiva do poder como capacidade de agir ou como poder-fazer, embora não traga a explicitação do social em seu enunciado, não deixa de ser outra dimensão do mesmo poder, na medida em que esteja impregnado ou subsumido pelo social. Não se trata de dois conceitos de poder social, mas de duas dimensões do mesmo conceito.

Visando à maior clareza do conceito, em especial quando se refere à mudança de comportamento, podemos ainda falar em estados do poder, distinguindo entre poder *atual* e poder *potencial*. No primeiro caso trata-se do poder em ato, sendo efetivamente exercido; no segundo, trata-se da simples possibilidade desse exercício.

No poder em ato quem detém o poder produz a mudança do comportamento do outro, a partir da vontade do primeiro. Não basta, portanto, que haja algum resultado da ação do primeiro, é preciso que tal modificação esteja de acordo com a intenção ou com o interesse de quem detém o poder ao provocar tal comportamento. Se houve mudança de comportamento, mas sem atender à intenção ou ao interesse de quem o provocou, não se pode dizer que houve exercício do poder, mas o malogro na efetivação do poder.

Entende-se, por outro lado, que o poder atual supõe a existência do poder potencial, pois antes do exercício do poder é preciso que exista a possibilidade desse exercício. Estamos considerando que em ambos os casos há o poder, embora isso não seja assim tão pacífico na literatura sobre o tema. Max Weber, por exemplo, ao dizer que "poder significa a probabilidade de impor a própria vontade, dentro de uma relação social, mesmo contra toda resistência e qualquer que seja o fundamento dessa probabilidade" (Weber, 1979, p. 43), está salientando o caráter potencial do poder, enquanto Michel Foucault pretende enfatizar sua efetivação concreta quando afirma que "o poder não se dá, não se troca nem se retoma, mas se exerce, só existe em ação" (Foucault, 2003, p. 175).

De qualquer forma, para os objetivos que temos em mente com vistas à análise da relação entre poder e educação, parece conveniente adotar o conceito mais geral de poder, admitindo ambos os estados: potencial e atual. Trata-se, no primeiro caso, de quem tem o poder e, no segundo, de quem o exerce. Alguém *tem* o poder quando é provável que sua ordem seja obedecida por outro (ou outros); esse mesmo alguém *exerce* o poder quando ele ordena e a sua ordem é obedecida por outro (ou outros).

A existência do poder potencial envolve a ocorrência de maior ou menor probabilidade de obediência das ordens emanadas por quem detém o poder, o que remete aos conceitos de poder *estabilizado* e de poder *institucionalizado*. Para Stoppino, "o poder diz-se estabilizado quando a uma alta probabilidade de que *B* realize com continuidade os comportamentos desejados por *A* corresponde uma alta probabilidade de que *A* execute ações contínuas com o fim de exercer poder sobre *B*." De igual modo, pode-se falar de poder institucionalizado "quando a relação de poder estabilizado se articula numa pluralidade de funções claramente definidas e estavelmente coordenadas entre si". São exemplos de poder institucionalizados na sociedade contemporânea: um partido político, um exército, uma administração pública, um governo, etc. (Stoppino, 1991d, p. 937)

Tanto o exercício do poder quanto sua estabilização e sua institucionalização dependem em boa medida do julgamento que dele fazem as pessoas e grupos subordinados ao poder, ou seja, a efetividade do exercício do poder depende também das expectativas e percepções que se têm com respeito a ele. Isso nos leva à consideração das imagens sociais do poder. Segundo Stoppino,

> As percepções ou *imagens sociais do poder* exercem uma influência sobre fenômenos do poder real. A imagem que um indivíduo ou um grupo faz da distribuição do poder, no âmbito social a que pertence, contribui para determinar o seu comportamento, em relação ao poder. Neste sentido, a reputação do poder constitui um possível recurso do poder efetivo. *A* pode exercer um poder que excede os recursos efetivos que tem à disposição e a sua vontade e habilidade em transformá--los em poder, se aqueles que estão debaixo do seu poder reputam que *A* tem de fato mais poder do que aquele que seus recursos, sua vontade ou sua habilidade mostram. [...] (Stoppino, 1991d, p. 937-938; grifos no original.)

Os conceitos de poder estabilizado e poder institucionalizado são de importância fundamental para a explicitação do conceito de *autoridade*. Esse termo, geralmente utilizado de modo impreciso e vago, é muitas vezes empregado como simples sinônimo de poder. Para nossos objetivos, é importante emprestar-lhe certa precisão, entendendo-o como uma espécie de poder, mas em condições bastante definidas. Para Stoppino, uma primeira aproximação seria entendê-lo como "uma relação de poder estabilizado e institucionalizado em que os súditos prestam uma obediência incondicional" (Stoppino, 1991a, p. 88). É mais ou menos nesse sentido que o conceito é entendido também por Hannah Arendt quando, ao referir-se à autoridade, diz que "sua insígnia é o reconhecimento inquestionável por aqueles a quem se pede que obedeçam; nem a coerção nem a persuasão são necessárias" (Arendt, 2001, p. 37). Esse entendimento do conceito de autoridade é de grande importância em termos sociais e políticos. Segundo Stoppino,

> a autoridade [...] como poder estável, continuativo no tempo, a que os subordinados prestam, pelo menos dentro de certos limites, uma obediência incondicional, constitui um dos fenômenos sociais mais difusos e relevantes que pode encontrar o cientista social. Praticamente todas as relações de poder mais duráveis e importantes são, em maior ou menor grau, relações de autoridade: o poder dos pais sobre os filhos na família, o do mestre sobre os alunos na escola, o poder do chefe de uma igreja sobre os fiéis, o poder de um empresário sobre os trabalhadores, o de um chefe militar sobre os soldados, o poder do Governo sobre os cidadãos de um Estado. [...] (Stoppino, 1991a, p. 89)

Todavia, essa concepção pode ser considerada por demais ampla, na medida em que os sujeitos subordinados aceitam as ordens e diretrizes mesmo sem qualquer avaliação de seu conteúdo. Por isso, o mesmo Stoppino refere-se a uma segunda definição de autoridade "segundo a qual nem todo o poder estabilizado é autoridade, mas somente aquele em que a disposição de obedecer de forma incondicionada se baseia na crença de legitimidade do poder" (Stoppino, 1991a, p. 90). Neste sentido, a autoridade é um tipo especial de poder estabilizado denominado "poder legítimo", ou seja, aquele em que a adesão dos subordinados se faz como resultado de uma avaliação positiva das ordens e diretrizes a serem obedecidas. Apenas nessa segunda acepção pode-se dizer que a autoridade se insere numa forma democrática de exercício do poder, na medida em que a obediência ocorre sem prejuízo da condição de sujeito daquele ou daqueles que obedecem.

É neste sentido de um poder estabilizado ou institucionalizado, que conta com a concordância livre e consciente das partes envolvidas, que o termo *autoridade* será entendido em nossas reflexões sobre poder e educação. Além disso, será entendido como *autoritarismo* precisamente a negação dessa condição democrática da autoridade, ou seja, quando as decisões são tomadas por quem detém o poder, sem a concordância dos que estão a eles subordinados. Nessa situação, há uma imposição de obediência de tal forma que "o poder é tido como legítimo por quem o detém, mas não é mais reconhecido como tal por quem a ele está sujeito" (Stoppino, 1991a, p. 94).

Outra maneira de enriquecer a compreensão do conceito de poder é considerar os *modos* de o poder ser exercido. Quanto a isso, podemos nos deparar com três maneiras de exercício do poder: a *coerção*, a *manipulação* e a *persuasão*. Essas maneiras podem ser estudadas à luz da presença ou não da conflituosidade entre as partes envolvidas.

Na *coerção*, há claramente um conflito de interesses entre quem detém o poder e quem é objeto dele. O poder de *A* sobre *B* se exerce contra a vontade deste, que obedece em virtude de um constrangimento por parte de *A*, sob a forma de coação ou ameaça de punição. Há, portanto, um conflito de vontades ou de interesses entre ambos, *B* atendendo à vontade de *A* por ser esta a alternativa menos penosa. Registra-se coerção também quando o motivo para a ação de *B* não é explicitamente uma ameaça, podendo ser um aliciamento ou promessa de vantagem que coloca *B* na condição de optar entre dois comportamentos contrários a sua vontade, embora aquele sugerido por *A* seja menos constrangedor do que o comportamento alternativo. Isso acontece, por exemplo, quando um indivíduo, para evitar a fome e a miséria sua ou de sua família, aceita fazer, mediante remuneração, um trabalho que ele considera indigno e contra seus princípios.

Já na *manipulação* a conflituosidade encontra-se presente, mas de forma potencial. Mesmo sem o uso da coação, aquele que exerce o poder provoca o comportamento do outro, ocultando ou camuflando seu verdadeiro interesse. *A* tem interesses conflitantes com os de *B*, mas não os revela, utilizando de meios específicos para levar *B* a agir de acordo com sua vontade. Os meios utilizados se referem, especialmente, ao controle e uso enganoso da informação (distorcendo os fatos, divulgando informações falsas, ocultando dados e informações, submetendo a propaganda enganosa, a doutrinamento, etc.) ou mesmo à manipulação psicológica, pela qual se explora o inconsciente dos indivíduos, dirigindo seu comportamento sem que estes tenham consciência do fato. Na manipulação se diz que há um conflito potencial porque ele não surge imediatamente, mas pode tornar-se atual quando aquele sobre o qual se exerceu o poder tomar consciência da manipulação (Stoppino, 1991d, p. 939). É importante observar que, na manipulação, há, por um lado, a ocultação dos interesses por trás da ação e, por outro, a intenção deliberada dessa ocultação.

A *persuasão*, por sua vez, supõe a completa ausência de conflito na relação de poder. Neste caso, *B* realiza determinado comportamento do interesse de *A* porque este o convenceu a realizá-lo livre de quaisquer constrangimentos. Certamente, se não tivesse havido a intervenção de *A*, o comportamento de *B* seria outro. Entretanto, após essa intervenção (que não deixa de ser um exercício do poder), *B* considera o comportamento que foi levado a realizar mais interessante do que aquele que realizaria sem a intervenção de *A*. Esse tipo de relação de poder só é possível se há o autêntico diálogo entre *A* e *B* e se, como resultado, as subjetividades de ambos não ficam diminuídas, mas até reforçadas. Em termos políticos essa é a típica relação que denominamos democrática, na medida em que há a produção da *convivência entre sujeitos que se afirmam como tais*.

É preciso, assim, diferenciar essa concepção de persuasão como modo democrático de exercício do poder de outros usos que, sem descaso de sua pertinência, referem-se a concepções muito diversas da que explicitamos aqui. Hannah Arendt, por exemplo, diz que

> a persuasão [...] não vem da verdade, mas das opiniões, [...] e só a persuasão leva em conta e sabe como lidar com multidão. Persuadir a multidão significa impor sua própria opinião em meio às múltiplas opiniões da multidão: a

persuasão não é o oposto de governar pela violência, é apenas uma outra forma de fazer isso. [...] (Arendt, 2002, p. 96)

Esse emprego do conceito de persuasão é totalmente diverso do significado que pretendemos dar ao termo porque, em certa medida, iguala persuasão a coerção. "Impor sua própria opinião" não parece próprio de quem deseja persuadir, mas de quem tem o poder de "impor". A persuasão deve supor o diálogo em que ambos os atores podem exercer sua condição de sujeito. Persuadir é correr o risco de não persuadir. Por sua vez, a coerção não se restringe apenas ao uso direto da força. É coerção quando alguém aponta uma arma para outro e o obriga a agir de acordo com sua vontade. Mas é coerção também, como vimos, quando um indivíduo que está passando fome é "convencido" ou "persuadido" a fazer algo degradante, que vai frontalmente contra sua vontade. Neste último caso não se pode dizer que houve persuasão, porque o indivíduo sobre o qual se exerce o poder não tinha livre escolha, não podia exercer sua condição de sujeito, de detentor de vontade.

Mas quando Hannah Arendt fala de persuadir multidão é bem provável que esteja referindo-se à manipulação, que é outra maneira de exercício do poder, mas que também não se deve identificar com persuasão. A manipulação é uma forma de exercício do poder em que uma pessoa ou grupo provoca o comportamento desejado em outra pessoa ou grupo, escondendo, camuflando ou não apresentando explicitamente o interesse que tem por esse comportamento. Nesse caso, o grupo ou pessoa sobre o qual se exerce o poder não toma consciência de que está se comportando de acordo com a vontade de quem manipula. Parece claro que aqui não se trata de persuasão, visto que não há diálogo, mas imposição de uma vontade sobre aquele ou aqueles que a realizam sem terem o poder de opção.

Essa diferença entre persuasão e manipulação é apresentada de forma muito clara por Mario Stoppino, para quem

> a persuasão, ao contrário do que ocorre com a manipulação, visa à obtenção do consentimento voluntário e consciente daquele a quem se dirige. Mas é claro que nem todas as mensagens persuasivas se ajustam àquele que poderíamos chamar modelo ideal de persuasão racional, cujo fim é basear em argumentos a verdade, a racionalidade e a conveniência de uma asserção, de uma opinião ou de uma decisão como tal. É frequente, especialmente em política mas não apenas nela, as mensagens persuasivas dos homens recorrerem, para captar a desejada adesão dos destinatários, a meios que são inadmissíveis dentro do modelo da persuasão racional e que se destinam a enganá-los, a moldar suas escolhas sem que eles o saibam: a distorção da informação, por exemplo, a verdadeira e autêntica mentira e o recurso a mecanismos psicológicos inconscientes. Nestes casos, a mensagem continua sendo, aparentemente, uma mensagem persuasiva. Trata-se, no entanto, de uma persuasão ilusória ou [...] de uma *persuasão* oculta, portanto, de uma forma de manipulação. (Stoppino, 1991c, p. 727; grifo no original.)

Na relação de poder mediada pela persuasão realiza-se o tipo de poder a que Holloway denomina "poder-fazer", por oposição ao "poder-sobre", que se encontra presente tanto na coerção quanto na manipulação. Para esse autor, o poder é usado nesses dois sentidos bastante distintos. Diz ele que "o fazer (e o poder-fazer) é sempre parte de um fluxo social, mas esse fluxo se constitui de distintas maneiras" e que, "quando o fluxo social do fazer se fratura, esse poder-fazer se transforma em seu oposto, em poder-sobre" (Holloway, 2003, p. 49).

> O poder-sobre é a ruptura do fluxo social do fazer. Aqueles que exercem o poder sobre a ação dos outros lhes negam a subjetividade, negam a parte que lhes corresponde no fluxo do fazer, os excluem da história. O poder-sobre rompe o reconhecimento mútuo: aqueles sobre os que se exerce o poder não são reconhecidos (e aqueles que exercem o poder não são reconhecidos por ninguém a que reconheçam o valor suficiente para outorgar reconhecimento [...]). Priva-se o fazer dos fazedores de sua validação social: nós e nosso fazer nos tornamos invisíveis. A história se converte na história dos poderosos, na história dos que dizem aos outros o que fazer. O fluxo do fazer se converte em um processo antagônico no que se nega o fazer da maioria, em que alguns poucos se apropriam do fazer da maioria. O fluxo do fazer se converte em um processo fragmentado. (Holloway, 2003, p. 51)

O poder-sobre, no capitalismo, rompe o "fluxo social do fazer" quando destrói o poder-fazer do trabalhador. Este que, pelo poder-fazer, poderia, ao produzir um valor de uso[4], estar-se fazendo mais poderoso, em vez disso, com o trabalho estranhado, deixa de fazê-lo. Seu fazer-valor-de-uso não é apenas fazer-valor-de-uso, mas produzir valor, que produz

---

4. Valor de uso é a capacidade de determinado bem ou serviço de ser útil, ou seja, de atender a necessidades humanas. Ademais, o próprio bem ou serviço portador dessa capacidade é considerado um valor de uso.

a exploração e o poder-sobre. "O operário de uma fábrica algodoeira só produz gêneros de algodão? Não, produz capital. Produz valores que servem de novo para que se possa dispor de seu trabalho e, por meio dele, criar novos valores." (Holloway, 2003, p. 217-218)

Essa diferença entre o poder que serve à dominação (poder-sobre) e o poder que reforça a condição de sujeito do outro (poder-fazer) é de grande importância na apreciação das relações de poder que têm lugar na sociedade, especialmente quando o assunto em pauta é a educação, que é a própria forma pela qual se plasmam personalidades humanas.

Educação e Poder

Todo processo educativo envolve, por um lado, alguém com a pretensão de modificar comportamentos alheios (educador) e alguém cujos comportamentos se supõem passíveis de serem modificados (educandos). Todo processo educativo envolve, pois, uma relação de poder em seu conceito mais geral, seja em estado potencial, seja em estado atual. Em princípio, essa relação pode dar-se tanto como poder-sobre quanto como poder-fazer. No primeiro caso, o educador procura impor os componentes culturais contra a vontade ou os interesses do educando, utilizando-se, para isso, da coerção ou da manipulação. No segundo caso, o modo privilegiado de exercício do poder é a persuasão. A partir dos conceitos de educação e de poder que explicitamos até aqui, podemos deduzir que somente o poder-fazer é compatível com uma educação entendida como atualização histórico-cultural com vistas à constituição de sujeitos livres. É esta educação como prática democrática que nos interessa examinar na perspectiva do exercício do poder.

A primeira observação a ser feita é que o poder existe e é exercido tanto por parte do educador quanto por parte do educando, e se dá tanto como "capacidade de agir sobre as coisas" quanto como "capacidade de determinar o comportamento de outros".

Da parte do educando, a capacidade de agir sobre as coisas refere-se a sua ação intencional no processo de apreender a realidade, fazendo-se sujeito do aprendizado e incorporando elementos culturais que o engrandecem e o fortalecem, expandindo seu vigor, sua capacidade de poder-fazer, tornando-se, pois, "poderoso" à medida que adquire cada vez mais capacidade de agir e fazer-se sujeito. Por seu turno a capacidade de determinar o comportamento de outros também está presente na atividade do educando na medida em que ele responde à intervenção do educador, com comportamentos que mudam a ação deste de modo a adequá-la às necessidades de aprendizagem do educando. Isto se dá porque se supõe uma relação dialógica em que o educador não traz seu procedimento (ou sua aula) inteiramente pronto e fechado para apresentá-lo ou aplicá-lo ao educando ou ao aluno. Se é uma relação pedagógica verdadeiramente competente por parte do professor ou da escola, toda ação planejada para ensinar encerra a flexibilidade que permite modificá-la a partir da resposta do educando no processo de ensino.

A concepção de educação do senso comum que costuma orientar a prática pedagógica em nossas escolas desconhece ou resiste fortemente à ideia do educando como detentor de poder. Para o ensino tradicional, existe uma espécie de estrada de mão única que vai do professor, que ensina, para o aluno, que apreende passivamente o que lhe é ensinado. Ignora-se, assim, o complexo processo pelo qual os componentes da cultura se incorporam na personalidade viva de cada ser humano e o necessário envolvimento do educando como sujeito nesse processo. Os estudos sobre o desenvolvimento da inteligência têm mostrado com frequência a impropriedade desse procedimento. Referindo-se particularmente à maneira como se desenvolvem os conceitos científicos na mente da criança, Lev Semenovich Vigotski diz que

> uma escola de pensamento acredita que os conhecimentos científicos não têm nenhuma história interna, isto é, não passam por nenhum processo de desenvolvimento, sendo absorvidos já prontos mediante um processo de compreensão e assimilação; esses conceitos chegam à criança em forma pronta ou ela os toma de empréstimo ao campo do conhecimento dos adultos, e o desenvolvimento dos conceitos científicos deve esgotar-se essencialmente no ensino do conhecimento científico à criança e na assimilação dos conceitos pela criança. (Vigotski, 2001, p. 245)

Vigotski faz a crítica a esse modo de pensar, dizendo que "a inconsistência dessa concepção não resiste a um exame mais aprofundado tanto teoricamente quanto em termos de suas aplicações práticas". Na verdade, o

> processo de desenvolvimento dos conceitos ou significados das palavras requer o desenvolvimento de toda uma série de funções como a atenção arbitrária, a memória lógica, a

abstração, a comparação e a discriminação, e todos esses processos psicológicos sumamente complexos não podem ser simplesmente memorizados, simplesmente assimilados. Por isso, do ponto de vista psicológico, dificilmente poderia haver dúvida quanto à total inconsistência da concepção segundo a qual os conceitos são apreendidos pela criança em forma pronta no processo de aprendizagem escolar e assimilados da mesma maneira como se assimila uma habilidade intelectual qualquer. (Vigotski, 2001, p. 246-247)

No entanto, a concepção tradicional acredita que seja possível ensinar o conceito diretamente, sem levar em conta toda a subjetividade do educando e sua participação ativa no processo. Mas a ciência, pelas palavras de Vigotski, nos informa que "o ensino direto de conceitos sempre se mostra impossível e pedagogicamente estéril". Acrescenta o autor que

> o professor que envereda por esse caminho costuma não conseguir senão uma assimilação vazia de palavras, um verbalismo puro e simples que estimula e imita a existência dos respectivos conceitos na criança mas, na prática, esconde o vazio. Em tais casos, a criança não assimila o conceito mas a palavra, capta mais de memória que de pensamento e sente-se impotente diante de qualquer tentativa de emprego consciente do conhecimento assimilado. No fundo, esse método de ensino de conceitos é a falha principal do rejeitado método puramente escolástico de ensino, que substitui a apreensão do conhecimento vivo pela apreensão de esquemas verbais mortos e vazios. (Vigotski, 2001, p. 247)

Também o poder do educador ou do professor se manifesta em ambos os sentidos: como capacidade de agir e como capacidade de mudar comportamentos de outros. No primeiro caso, verifica-se seu poder no próprio exercício de sua função de professor, que detém determinadas capacidades de didata e educador e as aplica em seu trabalho com os educandos. Mas se manifesta também no fato de que todo processo de ensino para o outro é também processo de aprendizado para si próprio. O professor aprende enquanto ensina e se engrandece e se fortalece em seus atributos intelectuais, tornando-se mais poderoso à medida que enriquece sua personalidade. No entanto, o mais importante para o tema do ensino é precisamente sua capacidade de influir no comportamento de outros. E esse poder é de uma importância tão fundamental em termos sociais que o educador não apenas modifica o comportamento do educando ou do aluno, mas constitui a própria mediação para a modificação, ou melhor, a construção de sua personalidade. O homem nasce com potencialidades infinitas para fazer-se humano-histórico, aprendendo a cultura disponível e formando sua personalidade, mas ele não faz isso naturalmente. É preciso a intervenção do educador. Este é seu poder: a capacidade de levar indivíduos a se fazerem seres dotados de historicidade. Segundo Alexis Leontiev,

> as aquisições do desenvolvimento histórico das aptidões humanas não são simplesmente *dadas* aos homens nos fenômenos objetivos da cultura material e espiritual que os encarnam, mas são aí apenas *postas*. Para se apropriar destes resultados, para fazer deles *as suas* aptidões, 'os órgãos da sua individualidade', a criança, o ser humano, deve entrar em relação com os fenômenos do mundo circundante através de outros homens, isto é, num processo de comunicação

com eles. Assim, a criança *aprende* a atividade adequada. Pela sua função este processo é, portanto, um processo de *educação*. (Leontiev, 2004, p. 290; grifos no original.)

Disso se pode deduzir a importância da educação e do educador. Não é, portanto, sem razão que a este se atribui geralmente uma responsabilidade sem limites pelo destino do jovem e por sua introdução num mundo que lhe é desconhecido. Hannah Arendt diz que o educador está "em relação ao jovem como representante de um mundo pelo qual deve assumir a responsabilidade" e acrescenta que "qualquer pessoa que se recuse a assumir a responsabilidade coletiva pelo mundo não deveria ter crianças, e é preciso proibi-la de tomar parte em sua educação" (Arendt, 2005, p. 239).

É também com intenção de fazer ver a importância social da educação que Leontiev declara:

> Quanto mais progride a humanidade, mais rica é a prática sócio-histórica acumulada por ela, mais cresce o papel específico da educação e mais complexa é a sua tarefa. Razão por que toda etapa nova no desenvolvimento da humanidade, bem como dos diferentes povos, apela forçosamente para uma nova etapa no desenvolvimento da educação: o tempo que a sociedade consagra à educação das gerações aumenta; criam-se estabelecimentos de ensino, a instrução toma formas especializadas, diferencia-se o trabalho do educador do professor; os programas de estudo enriquecem-se, os métodos pedagógicos aperfeiçoam-se, desenvolve-se a ciência pedagógica. Esta relação entre o progresso histórico e o progresso da educação é tão estreita que se pode sem risco de errar julgar o nível geral do

desenvolvimento histórico da sociedade pelo nível de desenvolvimento do seu sistema educativo e inversamente. (Leontiev, 2004, p. 291-292)

Como todo poder social, o poder da educação e do educador existe, primeiramente, em estado potencial, só se tornando atual à medida que se realiza concretamente. A análise do poder da escola em termos potenciais exige, antes de tudo, considerar a natureza dos objetivos que ela pretende realizar: só tendo conhecimento da intenção ou do interesse de quem detém o poder é possível constatar se seu poder está de fato sendo exercido. Parece que precisamente aqui reside uma das questões mais importantes relacionadas à escola básica em nossa sociedade. A questão fundamental de nossa escola tem sido precisamente a natureza pouco ambiciosa de seus objetivos. Orientada por uma concepção de educação do senso comum, que se pauta na mera "transmissão" de conhecimentos, seus objetivos têm sido muito pouco ambiciosos, restringindo-se apenas a isto: oferecer conhecimentos e informações. Renuncia, assim, à pretensão de uma educação que prové as necessidades culturais da personalidade do ser humano numa perspectiva de integralidade, ao deixar de lado todos os demais componentes culturais: valores, arte, ciência, filosofia, direito, crenças, etc. O mais grave é que o problema não se reduz à pequenez do objetivo, mas inclui também o fato amplamente constatado de que, por pretender apenas isso, nem isso consegue realizar, visto que mesmo os conhecimentos e informações exigem, para serem assimilados e incorporados à personalidade do aprendiz, o envolvimento de outras dimensões culturais dessa personalidade, não considerados pela escola tradicional.

Para realizar seu objetivo de "transmissão" de conhecimentos, a escola básica lança mão das disciplinas escolares como a Matemática, a Geografia, a História, a Língua Portuguesa, etc., nas quais esses conhecimentos estão distribuídos e que compõem currículos e programas de ensino que são executados e depois aferidos a partir de testes e provas, quer internamente à escola para decidir sobre a promoção à próxima série ou a retenção por mais um ano na mesma série em que foram "ensinados" e não aprendidos, quer externamente por meio de exames como os do Sistema de Avaliação da Educação Básica (Saeb) ou o Exame Nacional do Ensino Médio (Enem).

Acontece que os dados, quer referentes aos alunos que são credenciados ao final do ensino fundamental ou do médio, quer relativos aos resultados desses exames externos, mostram de forma patente o fracasso da escola em alcançar os objetivos que ela se propõe.

A situação se mostra ainda mais dramática quando constatamos que, com o tempo, mesmo aqueles que supostamente aprenderam certa porcentagem de conhecimentos suficientes para serem bem-sucedidos nesses exames revelam terem retido muito pouco do que constava como mínimo nos currículos e programas escolares. É de se duvidar que boa parte dos diplomados no ensino básico, mesmo os que foram bem-sucedidos em exames como os do Saeb ou do Enem, ainda conseguiriam, decorridos apenas alguns anos, responder aos exames pelos quais passaram com conceito positivo.

Em suma, o poder-fazer da escola que temos, já em termos potenciais, é muito menor do que ela oficialmente declara ter. As causas desse fracasso são muito variadas e, em sua maioria, têm sido denunciadas das mais diversas formas quer pela academia quer pelos grupos sociais interessados em sua solução. Mas uma importante causa muito pouco discutida e que parece estar na base de todo o problema do baixo desempenho do ensino é precisamente essa timidez de sua ambição no provimento de cultura. Ao pretender "passar" apenas conhecimentos e ao se ater aos estreitos limites da comunicação verbalista, deixa de lado os componentes da cultura que, articulados com o conhecimento, dariam razão de ser a este e tornariam mais efetiva sua apreensão pelos educandos. Nossa escola e seus responsáveis parecem não ter percebido ainda que uma das maneiras mais certeiras de dificultar o provimento às crianças e jovens dos conhecimentos de que necessitam para a vida é precisamente pretender oferecer *só* conhecimentos.

Ainda sobre o estado potencial do poder que a escola e seus educadores detêm, é interessante fazer o confronto entre aquilo que a instituição educacional tem intenção de realizar com seu ensino e aquilo que ela efetivamente logra fazer. Quando a escola, por exemplo, tem interesse em mudar o comportamento de seus alunos de modo a que eles aprendam seus conteúdos, mas o que as crianças e jovens aprendem, na verdade, é desenvolver sentimentos de repulsa ao saber — porque a forma que se lhes apresenta para apreensão desse saber é desinteressante e não fala de perto a seus interesses e desejos — não se pode dizer que esse resultado tenha sido o produto do exercício de um poder, e sim o malogro do poder da escola que não conseguiu o que pretendia.

Isso tem usualmente acontecido e consiste no paradoxo de se ter uma instituição que supostamente seria o lugar privilegiado de provimento e disseminação da cultura em todas as suas dimensões, mas que acaba por afastar daí as pessoas que, assim, não só não aprendem com eficácia o que ela tenta ensinar, mas também deixam de desenvolver o interesse, o apego e a familiaridade com as múltiplas manifestações da cultura: o teatro, a dança, a pintura, a literatura, o cultivo do corpo e da saúde, a música, a filosofia, o direito, a ética, o esporte e tantas outras formas culturais que fazem parte do acervo histórico legado pelas várias gerações que se sucederam, de cujo direito de usufruir os educandos ficam privados.

Para ficar apenas num exemplo desse paradoxo, basta constatar a imensa porcentagem de pessoas que, mesmo tendo passado pela escola fundamental, pelo ensino médio e até pelo ensino superior, e tendo "aprendido" a ler e a escrever, não leem nem escrevem. Estamos, assim, na triste situação de juntar ao drama de uns poucos milhões que não sabem ler e escrever o descalabro de uns muitos milhões que "aprenderam" a ler e a escrever mas nunca leem nem escrevem. É muito difícil não ver nessa situação um exemplo veemente do malogro de nossa escola.

Até aqui falamos do poder potencial do educador e, no caso específico da escola, no poder do professor. Para dar sequência à análise da relação entre poder e educação é preciso considerar as condições em que esse poder se torna atual, possibilitando o efetivo *exercício* do poder.

Suposta uma educação democrática, a única maneira de exercício do poder envolvida no processo pedagógico é a persuasão. A persuasão, na perspectiva do diálogo, como a entendemos, tem como peculiaridade seu caráter de incerteza. Quem se dispõe a persuadir deve sempre expor-se à possibilidade não apenas de não persuadir na direção que pretendia, mas também de ser persuadido na direção contrária. Assim entendida, a persuasão exibe uma aparência de extrema fragilidade, pois que nunca se pode estar certo de que o poder potencial que se julga *ter* venha a confirmar-se no poder atual que se *exerce*.

Por isso a educação é sempre uma possibilidade, não uma certeza. Como o que fundamenta a educação é precisamente a condição de sujeito do educando, e como a característica fundadora do sujeito é sua vontade, a tarefa primeira do educador é oferecer ao aluno as condições propícias ao desenvolvimento de sua vontade de aprender. Atente-se, portanto, para o fato de que o professor, no exercício de seu poder de educar, produz no aluno não *diretamente* o aprender, e sim, sua mediação: o *querer aprender*. Disposto a aprender, o aluno, ninguém mais, utiliza-se dos meios à disposição (material escolar, livros, cadernos, relação com colegas, a explicação do professor, etc.) para produzir *ele próprio* o seu aprendizado.

Desse modo, a condição de incerteza inerente à persuasão, longe de configurar-se uma fraqueza, é precisamente a força da relação pedagógica, que evidencia a única forma que o educador possui de exercer o seu poder, que não pode configurar-se nunca como um poder-sobre. A contradição reside apenas no fato de que seu poder-fazer só se realiza plenamente por meio do poder-fazer do outro. Por meio da persuasão, é como se o educador acionasse um importante conjunto de potencialidades que passa a ser aplicado precisamente na realização daquilo que é sua atribuição: produzir a incorporação de elementos culturais à personalidade do educando. Sem sua ação não há educação, mas, a rigor, o educador não educa o educando: *apenas* propicia condições para que o educando *se eduque*.

O professor só exerce de fato seu poder, só se faz efetivamente educador, só se faz competente em sua profissão, isto é, só cumpre sua função social de construir personalidades humano-históricas, quando, por uma relação de risco, isto é, pela persuasão, logra construir em seu aluno um valor que permeia todo seu aprendizado: o desejo de aprender. Ao fazer isso, ele potencializa o aluno, incrementa seu poder-fazer. Daí para a frente é o aluno o autor de sua educação. A função do educador é um fenômeno que intriga por seu caráter de extrema contradição: sua importância e imprescindibilidade se revela no preciso instante em que sua ação educativa já não é sequer necessária. Quando o aluno decide aprender, levado pela persuasão do professor, é ele quem exerce seu poder-fazer, ficando, de certa forma, posta entre parênteses a ação pedagógica do professor. Mas foi a ação deste (que para lograr êxito precisou lançar mão de sua competência adquirida em sua formação pedagógica) que, a rigor, lhe possibilitou esse estado.

Ao renunciar a ensinar unilateralmente, convencido de que ensino e aprendizado são faces de uma mesma moeda, dimensões de um mesmo processo em que estão envolvidos educador *e* educando, o professor oferece ao aluno a opção da cumplicidade. O aluno já não apenas obedece às ordens do professor, ele faz alguma coisa *com* o professor, ele participa de uma obra compartilhada com outro. Por isso, a ação do professor tem de ser de tal modo que *afete* o aluno em sua vontade, de modo a não permanecer indiferente, mas pronunciar-se diante do esforço do professor em persuadi-lo. Para isso, é preciso que a ação do professor contenha um pouco da ternura como a expressa por uma personagem de Millôr Fernandes: "'A ternura, mesmo simulada, tende a criar ternura verdadeira por parte do outro, e a tornar verdadeira a ternura que o primeiro simulou...' (Vera. Peça 'É...'. 1976)" (Fernandes, 1994, p. 467)[5]

Ao fazer-se continuativo no tempo e aceito como algo normal por todos os envolvidos, o poder do professor e da escola apresenta-se como poder estabilizado. Mais do que isso, trata-se de um poder institucionalizado, na medida em que a escola e os professores possuem funções definidas e coordenadas de maneira estável e aceitas institucionalmente. Essa estabilidade nas expectativas com relação ao poder é necessária para o funcionamento normal da escola como instituição.

É importante, todavia, que se analisem as percepções e imagens sociais do poder da escola porque elas têm interferência sobre o efetivo exercício desse poder. Na medida em que a concepção de educação que perpassa o senso comum é, como vimos, de natureza tradicional, é natural que as expectativas dos usuários com relação ao poder da escola

---

5. Para deixar claro o sentido de afeto implícito neste parágrafo, parece importante repetir aqui o que afirmei em outra ocasião: "O afeto supõe empatia e compromisso do educador com o educando, com a preocupação de reforçar a condição de sujeito deste, estabelecendo uma relação humana que não seja fria e exterior, ocupada apenas em oferecer conhecimentos para serem apreendidos, mas sim calorosa e cúmplice da própria formação da personalidade do educando. Por isso, inclui também o cuidado do educador em lidar de maneira racional e inteligente com suas próprias emoções, de modo a não fazer-se presa de um sentimentalismo oco muito presente nas receitas e conselhos piedosos de alguns pseudointelectuais que, por renunciarem a tratar cientificamente a educação, glorificam o mais rasteiro senso comum e o folclore pedagógico, com apelos ao 'afeto' e ao 'amor' em educação de forma totalmente acrítica. Por conseguinte, o conceito de afeto que aqui utilizo não pretende corroborar, de modo nenhum, certa subliteratura educacional ao estilo de autoajuda que se tem propagado ultimamente no meio docente." (Paro, 2007b, p. 52-53).

correspondam a essa concepção. Usualmente, espera-se que a escola tenha o poder de "transmitir" conhecimentos, e a maneira de conseguir isso é exercendo seu poder sobre os alunos para que eles se empenhem em estudar e aprender o que se lhes ensina. Mas essa expectativa é, em boa medida, resultado da maneira tradicional de a própria instituição escolar se apresentar diante do público e de desenvolver suas atribuições, premiando ou punindo seus alunos de acordo com seu sucesso ou fracasso nos exames.

As percepções e imagens sociais do poder no caso da educação escolar devem referir-se a ambas as partes envolvidas na relação: alunos, de um lado, e professores e demais educadores escolares, de outro. Do lado dos estudantes, obviamente, são de máxima importância as expectativas que eles — mas também seus pais ou responsáveis, na medida em que estes são, afinal, sua primeira referência da escola e do ensino — têm do processo de aprendizado. Daí a importância de que a ação educativa desenvolvida na escola seja continuamente realizada de modo que consiga cativar o interesse e a predisposição positiva do educando com relação ao ensino. É fazendo-se permanentemente desejável, como prática democrática enriquecedora da personalidade, que o ensino pode favorecer, no correr do tempo, sua aceitação por parte do aluno e o desejo deste em participar de tal processo.

Do lado do educador, as imagens que este tem do poder dos educandos são em grande parte determinantes de sua maneira de ensinar e do êxito desse ensino. Aqui não se pode deixar levar para uma impressão meramente espontânea do papel e do poder que cabe ao estudante. Dentro da concepção de educação pela qual estamos nos guiando, a imagem do poder da criança e do jovem com os quais o educador lida precisa ser não apenas positiva e de aceitação de sua subjetividade — condições necessárias ao diálogo democrático — mas também realista e informada pelos avanços da ciência que propiciam ao educador condições de exercer com competência sua função docente, a partir de um maior conhecimento e familiaridade do desenvolvimento biopsíquico e social do educando.

No dia a dia de nossas escolas básicas, lamentavelmente, por conta do tipo de concepção tradicional de educação que predomina, parece muito comum a prevalência de imagens do poder dos estudantes completamente distorcidas e destituídas de fundamentos científicos. Quantos professores mal informados, ou mal formados, não acreditam que o interesse do aluno em estudar só se consegue com a chantagem da aprovação ou da reprovação! Um exemplo, aliás, que ilustra bem a importância da noção de imagens do poder na compreensão da realidade do ensino é o fenômeno da reprovação escolar como "motivação" para o aluno estudar, conforme constatamos em pesquisa anterior (Paro, 2001b). Com a introdução, em alguns sistemas de ensino, da progressão continuada, e com a consciência por parte do aluno de que ele não será reprovado no final do ano letivo, desaparece, segundo argumentos dos que se colocam contra a abolição da reprovação, a motivação do aluno, porque ele sabe que, estudando ou não, vai passar de qualquer forma. Na verdade, o que muda é a imagem que o aluno tem do poder do professor. Antes ele estudava (ou fingia estudar, mas se sentia compelido a apresentar-se como quem estuda perante o professor) porque estava diante de uma ameaça, que podia se concretizar, porque o professor tinha o poder de puni-lo, reprovando-o. Agora, com a promoção automática, por mais que o professor continue com o poder de prejudicá-lo (avaliando-o negativamente nos conselhos de classe, denunciando-o a seus pais, repreendendo-o e criticando sua conduta diante dos colegas e, sobretudo, deixando de oferecer-lhe um ensino de boa qualidade), a imagem de poder do professor se desvanece porque sua "autoridade" advinha somente do poder de reprovar. A imagem do poder muda também para o professor. Especialmente o professor tradicional sente-se aniquilado porque perdeu o único poder que tinha diante da classe.

A permanência de um poder estabilizado e institucionalizado na escola nos leva a refletir sobre a presença aí da autoridade da instituição escolar ou do professor. O conceito de autoridade que adotamos, como poder legítimo, em que a obediência às ordens se dá por uma aceitação do poder em decorrência de sua avaliação positiva e livremente aceita, empresta importância muito grande ao desenvolvimento da autoridade na escola por meio de uma prática pedagógica democrática. É pelo diálogo e pela persuasão que o educador logra alcançar a concordância livre dos alunos com o poder-fazer que aí se estabelece. É pela percepção e consideração dos interesses, desejos, apreensões, medos e aspirações de seus alunos que o professor democrático pode atuar para corrigir falhas, superar óbices à vontade de aprender e aproveitar as potencialidades existentes. Se, como vimos, o aluno só aprende se quiser, ele precisa aceitar o poder que o professor exerce ao ensinar-lhe. Isso faz parte da autoridade do professor. O contrário é autoritarismo, isto é, a tentativa do professor de "passar" seus conteúdos sem a adesão dos alunos. Por isso que o ensino penoso, desinteressante, monótono, entediante, que não consegue produzir o interesse do aluno, pode ser considerado sempre como um ensino autoritário.

O prejuízo que o autoritarismo da escola tradicional, por sua tentativa de imposição arbitrária de conteúdos, traz em termos sociais não é apenas de natureza explicitamente pedagógica — por seu fracasso precisamente em prover esses conteúdos — mas também de natureza política, ao deixar de contribuir para a formação de personalidades democráticas. Ao impor arbitrariamente esses conteúdos de modo generalizado e permanente para seres em formação, que ainda não têm desenvolvidos parâmetros alternativos de julgamento dos valores que lhe são impostos, a escola, em vez de formar cidadãos predispostos a agir democraticamente, acaba por contribuir para a formação de *personalidades autoritárias*, cujas principais características são, "de uma parte, a disposição à obediência preocupada com os superiores, incluindo por vezes o obséquio e a adulação para com todos aqueles que detêm a força e o poder; de outra parte, a disposição em tratar com arrogância e desprezo os inferiores hierárquicos e em geral todos aqueles que não têm poder e autoridade" (Stoppino, 1991b, p. 94).

É bem verdade que a escola não tem o poder de determinar o tipo de sociedade em que vivemos por meio da formação de seus alunos. Todavia, nem por isso podemos menosprezar a importância da apropriação de valores e hábitos que favoreçam condutas democráticas por parte dos cidadãos. Ao impor um ensino desinteressante em que à criança cabe apenas obedecer às determinações do professor e da escola, independentemente de sua vontade e interesse, a escola tradicional concorre para desenvolver um tipo de obediência e passividade que não é compatível com o exercício democrático de cidadãos autônomos, incutindo valores que favorecem a constituição de indivíduos acostumados a dominar os mais fracos e a obedecer sem resistência aos mais fortes.

Criticando a atitude de pais que, por meio de uma pedagogia autoritária, reprimem arbitrariamente todo e qualquer gesto espontâneo dos filhos pequenos, Piaget faz uma boa aproximação da situação psicológica em que se encontram as crianças e como isso interfere em sua personalidade futura:

> Uma tal pedagogia chega àquele perpétuo estado de tensão, que é o apanágio de tantas famílias e que os pais responsáveis lançam, evidentemente, à conta da maldade inata da criança e do pecado original. Mas, por mais correntes e legítimas que sejam, em muitos casos, a defesa e a revolta da criança contra tais processos, é, entretanto, na maioria dos casos, vencida interiormente. Não podendo fazer exatamente a separação entre o que é certo e o que é criticável na atitude dos pais, não podendo julgar objetivamente os pais, dada a 'ambivalência' de seus sentimentos a respeito deles, a criança, em seus momentos de afeto, acaba interiormente por dar razão à sua autoridade. Tornando-se adulta, só muito excepcionalmente conseguirá desfazer-se dos esquemas afetivos assim adquiridos e será tão estúpida com seus próprios filhos quanto o foram com ela. (Piaget, 1994, p. 152-153)

Não há dúvida de que esse processo se dá de modo muito mais marcante no seio da família, na relação do adulto com as crianças de mais tenra idade, no contexto da chamada socialização primária (Berger; Luckmann, 1973).

Mas ele não deixa de se registrar também durante a idade escolar, num período em que a personalidade da criança e do jovem ainda se encontra em processo de formação. Especialmente as crianças mais novas, das escolas de educação infantil e das primeiras séries do ensino fundamental, ainda têm uma grande dependência das normas estabelecidas pelos adultos e tendem a obedecer inquestionavelmente ao professor ou à professora, levadas quer pela afeição quer pela falta de opção. Se a escola não apela para sua iniciativa e autoria, sua tendência é crescer desenvolvendo condutas de comodismo e passividade que irão influir em sua personalidade adulta. Por isso, não é difícil, às vezes, ver no professor autoritário de hoje o aluno vítima de autoritarismo de ontem. Com relação a esse professor é possível parafrasear Piaget e dizer que os esquemas afetivos adquiridos em sua formação escolar também o levaram a ser tão estúpido e autoritário com seus próprios alunos quanto o foram com ele em seu tempo de escola.

Assim, se é a partir de práticas democráticas que se forjam verdadeiros cidadãos, parece não haver dúvida de que, para formar pessoas que contribuam com seu esforço para uma sociedade mais justa e mais livre, é preciso envidar todos os esforços para que se tenha uma prática escolar condizente com esses ideais.

Mas não podemos esquecer que a prática escolar não se reduz à sala de aula. A situação de ensino em que se envolvem professor e alunos é apenas um dos momentos da educação escolar. À escola não basta oferecer uma boa educação no interior da sala de aula, porque não é apenas aí que a criança e o jovem são educandos. Sua experiência é com a escola em sua totalidade. No dizer de Jerome Bruner, "o currículo de uma escola não trata apenas *de* 'matérias'. A principal disciplina da escola, do ponto de vista cultural, é a própria escola. É esta a experiência de escola que a maioria dos alunos tem e que determina, por sua vez, o significado que eles atribuem à escola." (Bruner, 2001, p. 35; grifo no original.)

É muito comum procurar-se apenas no currículo formal adotado pela escola aquilo que compõe o rol de saberes teoricamente passíveis de serem apreendidos pelos educandos. Mas é preciso considerar o já consagrado conceito de *currículo oculto* que se acha presente dentro e fora das salas de aula e que se refere

> àquelas normas, valores e crenças não declaradas que são transmitidas aos estudantes através da estrutura subjacente de uma determinada aula. Um volume substancial de pesquisas sugere que o que os alunos aprendem na escola é moldado mais pelo currículo oculto, o padrão subjacente de relacionamentos sociais em sala de aula e na escola como um todo, do que pelo currículo formal. [...] Além disso, o currículo oculto muitas vezes atua em oposição às metas declaradas do currículo formal, e, em vez de promover uma aprendizagem efetiva, ele enfraquece a mesma. Em tais condições, a subordinação, conformidade, e disciplina substituem o desenvolvimento do pensamento crítico e relações sociais como características básicas da experiência escolar. (Giroux, 1997, p. 86)

Mas a escola tradicional insiste em ignorar esses aspectos, contemplando quase exclusivamente o que está contido no currículo formal, ao mesmo tempo que separa de maneira drástica a "aula", que se pratica dentro das classes, do que acontece nos outros espaços e situações escolares. Com isso, a prática escolar em geral, que, por necessidade do próprio exercício democrático, deveria pautar-se pelas ações coletivas e pela cooperação entre indivíduos, acaba se realizando a partir do paradigma das relações individualizantes que, lamentavelmente, são privilegiadas nas situações de ensino.

Isso se torna tanto mais nocivo para as crianças até a idade em que frequentam o ensino fundamental, em virtude da maior necessidade que têm de se relacionarem intensamente, por exigência de seu próprio desenvolvimento biopsíquico e social. Com base em pesquisas que desenvolveu com crianças até por volta de 12 anos de idade, Piaget reprova a maneira de ensinar que se reduz a considerar o aluno apenas em termos individuais, negligenciando sua necessidade de estar e agir com outras pessoas, especialmente outras crianças como ele, e afirma:

> Em lugar de considerar as tendências psicológicas profundas da criança, que a levariam ao trabalho em comum — não se opondo a emulação à cooperação —, a escola condena o aluno ao trabalho isolado e só tira partido da emulação para dispor os indivíduos uns contra os outros. Este sistema de trabalho puramente individual, excelente se o objetivo da pedagogia é dar notas escolares e preparar para os exames, só tem inconvenientes se se propõe a formar espíritos racionais e cidadãos. (Piaget, 1994, p. 217)

Mais adiante, afirma o mesmo Piaget: "Quando constatamos a resistência sistemática dos alunos ao método autoritário e a admirável engenhosidade empregada pelas crianças de todas as regiões para escapar à coação disciplinar, não podemos abster-nos de considerar como defeituoso um sistema que desperdiça tantas energias em lugar de empregá-las na cooperação." (Piaget, 1994, p. 271)

Ao recomendar a adoção do método de trabalho em grupos, em que as crianças estudam e pesquisam em comum, em grupos adrede organizados ou compostos a partir de aproximações espontâneas, Piaget critica mais uma vez esse viés individualizante da escola tradicional:

> A escola tradicional, cujo ideal se tornou, pouco a pouco, preparar para os exames e para os concursos mais que para a própria vida, viu-se obrigada a confinar a criança num trabalho estritamente individual: a classe ouve em comum, mas os alunos executam seus deveres cada um por si. Este processo, que contribui, mais que todas as situações familiares, para reforçar o egocentrismo espontâneo da criança, apresenta-se como contrário às exigências mais claras do desenvolvimento intelectual e moral. É contra este estado de coisas que reage o método de trabalho em grupos: a cooperação é promovida ao nível de fator essencial do progresso intelectual. (Piaget, 1994, p. 301)

Aquilo que as crianças em idade escolar mais gostam de fazer, que é brincar e relacionar-se espontaneamente com seus colegas, é reiteradamente coibido na escola fundamental. Nossos educadores escolares lamentavelmente não percebem ainda aquilo que os avanços da Pedagogia e da Didática não se cansam de demonstrar: que na idade escolar, especialmente nos primeiros anos do ensino fundamental, a brincadeira e o lúdico não apenas são compatíveis com o ensino, mas também são necessários para que a aprendizagem se realize. Numa linguagem que incorpora o conceito de poder que vimos discutindo, podemos dizer que, relacionando-se com os colegas, brincando, divertindo-se, a criança se torna mais poderosa, à medida que desenvolve sua personalidade e exerce seu poder-fazer, sem as inúteis repressões e limitações da escola tradicional.

Mas a mentalidade da maioria dos educadores escolares parece ser aquela que defende que "o ensino é coisa séria", que não admite a brincadeira porque a função da escola é "preparar para a vida", que não é nenhuma brincadeira. Mas toda vez que se ouve dizer que a escola tem que "preparar para a vida" e que "a vida não é um brinquedo", continua ecoando a pergunta feita por Piaget ainda na primeira metade do século passado: "o homem que, na vida, será capaz de maior energia nas circunstâncias em que precisamente a vida não é um brinquedo, será aquele que, como criança, melhor tiver praticado este esforço voluntário e espontâneo ou aquele que sempre tiver trabalhado somente sob ordens?" (Piaget, 1994, p. 272)

Se a prática democrática deve envolver a instituição escolar por inteiro, é certo que a organização da escola deve ser de modo a favorecer tal prática democrática, possibilitando a participação de todos nas tomadas de decisão. Mas nossa escola básica, não obstante o importante movimento reivindicatório, e alguns avanços na democratização de sua gestão, verificados durante as últimas décadas, continua mantendo todas as características de uma instituição que não foi concebida para os objetivos que se tem em mente quando se fala em educação democrática. Suas atividades--fim (o processo pedagógico), como vimos, são organizadas do ponto de vista da educação tradicional, que não oferece uma posição de sujeitos aos educandos; suas atividades-meio (direção, serviços, coordenação do trabalho, etc.), por seu turno, também são estruturadas e desenvolvidas de forma a não oferecer oportunidades de decisão aos vários grupos interessados ou envolvidos no trabalho da escola.

Embora não seja este o lugar para discutir com detalhe toda uma nova concepção de organização da escola que contemple sua natureza necessariamente democrática, parece importante ressaltar um aspecto que precisa obrigatoriamente ser levado em conta num projeto de reestruturação da escola que tenha tal escopo. Não basta, como tem usualmente acontecido, lutar pelo atendimento dos direitos e interesses (legítimos) de cada um dos vários setores da escola (professores, funcionários não docentes, corpo discente, pais e comunidade em geral), embora isso também deva estar em pauta. É preciso que o objetivo final que oriente a democratização seja o aluno e o desenvolvimento de sua autonomia, pois o fim de uma escola democrática é precisamente a formação de personalidades humano-históricas em seus alunos.

O corpo discente não pode, por isso, ser considerado como apenas mais um dos setores a serem contemplados na reorganização da escola, porque ele é verdadeiramente o grupo que representa a razão de ser da própria escola e de seu funcionamento democrático. O poder (certamente como poder-fazer) e a participação do aluno nas tomadas de decisão, por conseguinte, não podem consistir apenas na sua atuação no conselho de escola nem tampouco se resumir à esfera de um grêmio ou outra entidade estudantil "representativa" dos alunos, separada de sua atividade escolar cotidiana. É preciso que, como parte inseparável de sua educação, o aluno exercite seu poder no contexto da prática escolar.

Não se trata, obviamente, de renunciarem os adultos à responsabilidade de administrar e dirigir a escola de modo a que ela atinja seus objetivos; nem esquecer a diferença entre educadores e educandos: os primeiros detendo uma herança cultural que cumpre prover aos segundos e cujo processo de apropriação cabe aos primeiros comandar. Mas é preciso prever algum grau de autonomia aos alunos, de tal sorte que estes, num processo de assunção de responsabilidades, cuja dimensão aumenta com a idade, possam desempenhar também funções de auto-organização e autogoverno.

Mas a fronteira entre a democracia e o mero espontaneísmo pode ser muito incerta e mal percebida, se não se atenta para a condição política da educação, considerando a diferença entre uma conduta que dá voz aos educandos, como estratégia para que eles aprendam a tomar decisões e se fazerem autônomos, e um procedimento de simples fuga da responsabilidade educativa e negligência com a formação das crianças e jovens. A autoridade como poder legítimo é indispensável para a realização da educação, não se justificando que, a pretexto de evitar o autoritarismo, simplesmente se suprima a autoridade, tudo permitindo ao aluno e o deixando sem a devida orientação cultural e construção educativa. Embora não existam receitas de procedimentos neste assunto, nunca é demais considerar as sábias ponderações de Pistrak, quando diz, referindo-se ao papel do pedagogo na orientação das crianças:

> É preciso dizer francamente que, sem o auxílio dos adultos, as crianças podem, talvez, se organizar sozinhas, mas são incapazes de formular e de desenvolver seus interesses sociais, isto é, são incapazes de desenvolver amplamente o que está na própria base da auto-organização. Acrescentaríamos que o pedagogo não deve ser estranho à vida das crianças, não se limitando a observá-la. Se fosse assim, de que adiantaria nossa presença na escola? Exclusivamente ao ensino? Mas, de outro lado, o pedagogo não deve se intrometer na vida das crianças, dirigindo-a completamente, esmagando-as

com sua autoridade e poder. É preciso encontrar a linha de comportamento justa, evitando sem dúvida, o esmagamento da iniciativa das crianças, a imposição de dificuldades a sua organização, mas permanecendo, de outro lado, o companheiro mais velho que sabe ajudar imperceptivelmente, nos casos difíceis, e, ao mesmo tempo, orientar as tendências das crianças na boa direção. Para falar de forma mais concreta, isto quer dizer que é preciso suscitar nas crianças preocupações carregadas de sentido social: ampliá-las, desenvolvê-las, possibilitando às próprias crianças a procura de formas de realização. (Pistrak, 1981, p. 140)

O entendimento da educação como exercício do poder, do modo como vimos examinando, ajuda a compreender o processo pedagógico em si, mas deve trazer maior clareza também à compreensão da prática escolar em geral e à concepção de uma organização escolar que favoreça a realização mais democrática dessa prática. Embora não faltem estudos de boa qualidade sobre políticas educacionais relacionadas à escola pública básica, parece haver ainda grande carência com relação a uma compreensão mais rigorosa daquilo que acontece no dia a dia de nossas unidades escolares e de como se exerce o poder em seu interior. Em trabalho anterior (Paro, 2001a), procurei denunciar certa tendência, presente em muitos trabalhos de políticas educacionais, em privilegiar a consideração das categorias sociais mais amplas à custa da abstração da realidade concreta de nossas escolas e da negligência dos fatos e relações que aí se verificam. Dizia, então:

> Não há dúvida de que, sem a compreensão de categorias referentes às determinações mais amplas da vida na sociedade, não é possível entender o que se passa em qualquer

recorte específico da realidade humano-social. Porém, quando se trata de oferecer suporte teórico para a compreensão de uma realidade específica, no caso a educação escolar, o que não se pode é permitir que a legítima preocupação com elementos e generalizações de ordem sociológica, econômica, política e cultural mais abrangentes, leve a uma negligência precisamente da realidade concreta que se quer elucidar. (Paro, 2001a, p. 123)

É preciso, por isso, ter presente tanto os condicionantes mais amplos da vida social quanto as manifestações desses condicionantes na realidade concreta de nossas escolas, além da mútua determinação entre aqueles condicionantes e esta realidade.

Trata-se na verdade de estar atento para as formas concretas que os determinantes sociais, políticos, econômicos, ideológicos, etc. assumem na realidade escolar. Sem ter presente uma adequada apreensão dessas manifestações concretas, os estudos que subsidiam propostas de políticas públicas em educação correm o risco de não se elevarem acima do senso comum, por lhes faltarem os elementos que lhes dariam sustentação e validade teórica, posto que abstrair (no sentido negativo de alhear, de não levar em conta) as determinações essenciais, necessárias, explicativas do real concreto presente no cotidiano é construir generalizações sem sustentação empírica, é teorizar no vazio. A boa teoria é uma abstração do real, mas no sentido positivo de sintetizá-lo, de 'pôr entre parênteses' determinados aspectos circunstanciais ou particulares, para verificar o que existe de universal, de essencial, que lhe dá sentido e especificidade; é verificar, acerca de determinado fenômeno, quais são as leis que explicam seu movimento e constituição. (Paro, 2001a, p. 125)

Se a escola básica não tem a qualidade que desejamos porque não está organizada para formar o cidadão necessário a uma sociedade democrática, é preciso transformar em profundidade essa escola. Obviamente, como inúmeras vezes já foi dito nas reflexões sobre as funções da escola, não se pode pretender que a transformação da escola seja suficiente para produzir o que se põe no horizonte como ideal de uma sociedade radicalmente democrática. Essa não é uma transformação suficiente, mas certamente é uma transformação necessária. É nesse sentido que o estudo da realidade de nossas escolas da perspectiva da análise do poder se põe como exigência para compreender a realidade escolar e propor novas soluções aos problemas que a análise nos permite identificar.

Já sabemos que, na escola, como em toda parte, o poder se encontra tanto no estado atual quanto no estado potencial. Mas, se não se pode negligenciar este último, devendo-se considerar as formas ideológicas e representações do poder bem como sua formalização em leis e normas que emanam dos órgãos superiores do sistema de ensino, porque, afinal, tudo isso influencia e condiciona a realização prática do poder, é preciso também uma atenção toda especial para com o poder atual, ou seja, o seu efetivo exercício na instituição escolar. Não basta, portanto, restringir-se às chamadas instâncias globais e superiores do poder, é preciso ir às instâncias mais ínfimas, precisamente onde é mais difícil de detectá-lo, compreendê-lo e interpretá-lo. Para seguir uma recomendação de Foucault, é preciso

> captar o poder em suas extremidades, em suas últimas ramificações, lá onde ele se torna capilar; captar o poder nas suas formas e instituições mais regionais e locais, principal-

mente no ponto em que, ultrapassando as regras de direito que o organizam e delimitam, ele se prolonga, penetra em instituições, corporifica-se em técnicas e se mune de instrumentos de intervenção material, eventualmente violento. (2003, p. 182)

Estudar a prática escolar da perspectiva do poder implica levar em conta tanto o poder-contra, que se manifesta em suas múltiplas formas de dominação e de violação da subjetividade, quanto o poder-fazer, que engrandece personalidades e incrementa o vigor da ação humano-social. Trata-se de considerar e ter como foco de análise os micropoderes que se exercem no interior da instituição escolar, estando alerta para as interdições, a vigilância, as coerções, os controles e as proibições, mas não deixar de atentar também para as relações de libertação, de fortalecimento mútuo de subjetividades, de companheirismo, de lealdade e de incremento do poder-fazer uns dos outros. Mesmo quando se considera que esses micropoderes que se verificam na realidade escolar são subsumidos por poderes de esferas mais amplas da sociedade e do Estado, trata-se de compreendê-los aí onde eles se exercem, porque é nessas ínfimas instâncias que os seres humanos vivem e experimentam suas mais profundas consequências. Se o poder está em toda parte, em toda parte precisamos conhecê-lo e tomar decisões a seu respeito. No dizer de Holloway (2003, p. 119), "um poder ubíquo implica uma resistência ubíqua". Somente conhecendo em profundidade o que se passa no interior da escola poderemos conceber e implementar medidas para transformá-la de modo a que ela justifique sua razão de ser como instituição que concorre para uma sociedade mais democrática.

Referências bibliográficas

ARENDT, Hannah. *A dignidade da política*: ensaios e conferências. 3. ed. Rio de Janeiro: Relume Dumará, 2002.

_____. *Entre o passado e o futuro*. 5. ed. São Paulo: Perspectiva, 2005.

_____. *Sobre a violência*. 3. ed. Rio de Janeiro: Relume Dumará, 2001.

BERGER, Peter L.; LUCKMANN, Thomas. *A construção social da realidade*: tratado de sociologia do conhecimento. Petrópolis: Vozes, 1973.

BOBBIO, Norberto. Política. In: BOBBIO, Norberto; MATTEUCCI, Nicola; PASQUINO, Gianfranco. *Dicionário de política*. 3. ed. Brasília: UnB, 1991, v. 2, p. 954-962.

BRUNER, Jerome. *A cultura da educação*. Porto Alegre: Artmed, 2001.

FERNANDES, Millôr. *Millôr definitivo*: a bíblia do caos. Porto Alegre: L&PM, 1994.

FOUCAULT, Michel. *Microfísica do poder*. 18. ed. Rio de Janeiro: Graal, 2003.

GIROUX, Henry A. *Os professores como intelectuais*: rumo a uma pedagogia crítica da aprendizagem. Porto Alegre: Artes Médicas, 1997.

HOLLOWAY, John. *Mudar o mundo sem tomar o poder*: o significado da revolução hoje. São Paulo: Viramundo, 2003.

LEONTIEV, Alexis. *O desenvolvimento do psiquismo*. 2. ed. São Paulo: Centauro, 2004.

MARX, Karl. *O capital*: crítica da economia política: livro I. 31. ed. Rio de Janeiro: Civilização Brasileira, 2013. 2 v.

ORTEGA Y GASSET, José. *Meditação da técnica*. Rio de Janeiro: Livro Ibero-Americano, 1963.

PARO, Vitor Henrique. Políticas educacionais: considerações sobre o discurso genérico e a abstração da realidade. In: *Escritos sobre educação*. São Paulo: Xamã, 2001a, p. 121-139.

_____. *Reprovação escolar*: renúncia à educação. São Paulo: Xamã, 2001b.

_____. Implicações do caráter político da educação para a administração da escola pública. *Educação e Pesquisa*, São Paulo, v. 28, n. 2, p. 11-23, jul./dez. 2002.

_____. *A administração escolar e a condição política da educação*. São Paulo: Feusp, 2007a. (Relatório de Pesquisa)

_____. *Gestão escolar, democracia e qualidade do ensino*. São Paulo: Ática, 2007b.

PIAGET, Jean. *O juízo moral na criança*. São Paulo: Summus, 1994.

PISTRAK. *Fundamentos da escola do trabalho*. São Paulo: Civilização Brasileira, 1981.

RUBIN, Isaak Ilich. *A teoria marxista do valor*. São Paulo: Brasiliense, 1980.

STOPPINO, Mario. Autoridade. In: BOBBIO, Norberto; MATTEUCCI, Nicola; PASQUINO, Gianfranco. *Dicionário de política*. 3. ed. Brasília: UnB, 1991a, v. 1, p. 89-94.

STOPPINO, Mario. Autoritarismo. In: BOBBIO, Norberto; MATTEUCCI, Nicola; PASQUINO, Gianfranco. *Dicionário de política*. 3. ed. Brasília: UnB, 1991b, v. 1, p. 94-104.

_____. Manipulação. In: BOBBIO, Norberto; MATTEUCCI, Nicola; PASQUINO, Gianfranco. *Dicionário de política*. 3. ed. Brasília: UnB, 1991c, v. 2, p. 727-734.

_____. Poder. In: BOBBIO, Norberto; MATTEUCCI, Nicola; PASQUINO, Gianfranco. *Dicionário de política*. 3. ed. Brasília: UnB, 1991d, v. 2, p. 933-943.

VIGOTSKI, Lev Semenovich. *A construção do pensamento e da linguagem*. São Paulo: Martins Fontes, 2001.

WEBER, Max. *Economía y sociedad*: esbozo de sociología comprensiva. 2. ed. México: Fondo de Cultura Económica, 1979.

APÊNDICES

Apêndice 1

A escola pública que queremos*
(Palestra)

Minha fala sobre o tema "a educação pública que queremos" consistirá numa modesta contribuição para a reflexão a respeito do conceito de educação. Fazer propostas e reivindicações para os futuros governantes, em defesa da escola pública, como o sindicato está se propondo, é um trabalho gigantesco. Nós temos que pensar em construir uma escola pública de verdade. Quanto a isso, minha convicção é que, de todos os problemas que temos para enfrentar, existe um que sobressai: a falta, em nossa luta, de uma perspectiva pela qual nos guiemos, um conceito mais rigoroso, mais geral, universal, de educação, que embase e oriente os nossos caminhos e lutas para uma escola melhor.

---

* Palestra proferida na Conferência Estadual de Educação: "Proposta dos Trabalhadores da Educação para o Próximo Governo", realizada em Curitiba (PR), de 4 a 5/8/2006, promovida pela APP – Sindicato dos Trabalhadores em Educação Pública no Paraná. Inicialmente publicado em: CONFERÊNCIA ESTADUAL EXTRAORDINÁRIA DE EDUCAÇÃO DA APP-SINDICATO, 1., 2006, Curitiba. *Revista da Conferência Extraordinária da APP-Sindicato*. Curitiba: APP-Sindicato, 2006. p. 9-15.

Se não tivermos explícito esse conceito, podemos estar fazendo um grande esforço para conseguir uma educação ruim e autoritária, pela qual nós já passamos assim como os nossos pais e avós.

Tenho pensado muito sobre as reflexões que se fazem na academia, nos movimentos sociais, nos sindicatos, na escola, na política em geral, solicitando mais verbas para educação, reivindicando melhores prédios, mais salário, relações dignas de número de alunos por professor. Temos que lutar por tudo isso. Temos que lutar para o professor ganhar mais. Temos que lutar por melhores condições de trabalho dentro da escola. Porque, afinal, é na escola que se dá a atividade-fim para a qual trabalhamos. Mas me parece que tudo isso deve ser articulado com o pensamento sobre o que é essa educação que perseguimos, e o que ela realmente pode.

Estou convencido de que educar não é preparar para ganhar dinheiro ou preparar para trabalhar. Isso não basta. A minha contribuição modesta, parcial e inicial hoje aqui é instigá-los a refletir um pouquinho sobre esse conceito tão óbvio que é o de educação. Algumas pessoas podem ter a educação como algo muito tranquilo e acharão que conceituar a educação é algo sem relevância. Mas eu acho que é extremamente relevante pensar sobre esse conceito. Vamos falar coisas óbvias: Paulo Freire, nosso maior educador, já se dizia um peregrino da obviedade. Mas outro grande cientista do século passado, Albert Einstein, dizia que o óbvio é o mais difícil de ser percebido. Vamos, então, falar sobre esse óbvio chamado educação.

Vou começar por dizer o que *não é* educação, e que é exatamente aquilo que está mais presente no senso comum.

E esse senso comum não está restrito às pessoas do povo, como nosso viés elitista pode nos levar a pensar. Não. Esse senso comum impregna toda a sociedade, perpassa a imprensa, entra pela academia afora, está presente na prática e no discurso de muitos políticos e muitas pessoas que falam sobre a escola e o ensino, e que têm um conceito de educação extremamente pobre. Que conceito é esse?

Para o senso comum, educação é o seguinte: existe alguém que sabe e alguém que não sabe; alguém que detém conhecimentos e informações e alguém que não detém. E esse alguém que sabe "passa" esses conhecimentos e informações para alguém que não sabe. Nessa concepção, educação é simplesmente essa "passagem". Esse conceito, infelizmente, perpassa toda nossa história, em que a educação consiste em "passar" determinado "conteúdo", restrito a conhecimentos e informações.

Observem que o problema não é o fato de haver conteúdo, mas o fato de que, para essa concepção, o conteúdo se restringe a isto: conhecimentos e informações. Para essa visão, como o que importa são esses conhecimentos e informações, o método pedagógico é extremamente simples: basta organizar, da melhor forma possível, esses conteúdos, de modo que sejam palatáveis para quem os engole. É muito comum vermos intelectuais, políticos, administradores de educação, autoridades governamentais e até teóricos da educação trabalhando dessa forma, e dizendo: "É preciso dar educação porque o conhecimento é importante." E só.

A pergunta (óbvia) que quero fazer é a seguinte: será que basta a "passagem" de conhecimento? E mais: "passar" o conhecimento sem se importar como? É isso que nós temos feito. Ou pior: é isso que nós temos *não* feito; porque uma forma impossível de se proporcionar conhecimento é pretender "passar" *só* conhecimento.

Para essa concepção vulgar de educação não importa o educador nem o educando: importa o conhecimento, ou as informações. O educando tem a obrigação de aprender aquele monte de conhecimentos que se lhe apresentam sob a forma de livros, exposições orais, tarefas para casa, etc., e ao educador compete, com o pouco que ganha, deter bastante daquele conteúdo e "passá-lo". A escola que adota essa concepção de educação tem, pois, um papel muito simples: selecionar e fiscalizar. Seleciona, como fazia a chamada "boa" escola pública de antigamente, que de boa não tinha nada, ela era tão ruinzinha quanto a de hoje; com a diferença de que hoje temos, em geral, professores mais democráticos e menos arrogantes. Aquela "boa" escola de antigamente só aceitava aluno das camadas mais ricas; era uma escola pública elitista. Quem ia para a escola, aprendia *apesar* da escola, porque esta só fazia vomitar conhecimentos, como faz a escola de hoje. Mas eram crianças que vinham de casa alimentadas, que já tinham em casa jornal, revista, o pai e a mãe eram letrados, tinham professor de música, de línguas, o professor particular para corrigir os erros da escola... A escola não precisava ser boa, ela podia dar-se ao luxo de ser ruim, porque ela não era para as massas. Mais ou menos o que fazem hoje as chamadas "boas" escolas privadas, que também continuam selecionando os seus alunos. E não selecionam apenas pelo valor da mensalidade: mesmo você pagando muito nessas escolas famosas, se o seu filho não for bem, ele vai ser convidado a sair. É tão ruinzinha quanto a pública. Além de que, muitas vezes, o mesmo professor que dá aulas na escola privada à tarde, dá aulas na escola pública de manhã, da mesma disciplina.

Além de selecionar, essa escola fiscalizava. De que forma? Fazendo exames e reprovando aqueles que fracassavam. O fracasso é sempre jogado para a vítima. Essa é uma forma de não assumir a culpa do trabalho que é feito. Sabemos que o ensino depende de um conjunto de recursos, de métodos e de pessoas, de um sistema inteiro. Mas, naquela concepção de educação, quando uma coisa sai errada, a culpa é só do aluno. Daí a estupidez da reprovação. Essa palavra "estupidez" referindo-se à reprovação não é minha. É de um dos maiores educadores brasileiros, Anísio Teixeira, que há mais de cinquenta anos já denunciava o "sistema estúpido das repetições de série" (Teixeira, 1954, p. 55). Essa chamada boa escola de antigamente era tão boa e tão competente que — até inícios da década de 1960, quando ainda era a elite que ia para a escola, mesmo selecionando os alunos, que aprendiam *apesar* da escola — de cada 100 alunos que entravam no primeiro ano do ensino primário, apenas 45 passavam para o segundo ano; 55 eram reprovados e chamados de culpados.

Que escola (pública) competente era essa de antigamente? Que escola (privada) competente é essa de hoje? Ambas baseiam-se num conceito de educação em que não existe compromisso de quem educa, não existe compromisso do Estado, dos educadores. Estes vão à escola para se desincumbirem do seu papel de "vomitadores de conteúdo" e os conteúdos se restringem a conhecimentos. É a chamada educação "bancária" tão criticada por Paulo Freire: depositam-se conhecimentos, como se fosse um banco, do qual depois se saca por meio das famigeradas provas e testes (Freire, 1975).

Para reverter essa função nós precisamos pensar numa educação diferente disso, porque a escola pública de hoje não pode dar-se ao luxo de ser incompetente. Educação é conhecimento, sim, mas não se restringe a isso. Acontece que essa visão tem permeado nossa vida por séculos. Esse conceito não funciona. Se nós estivermos perseguindo melhores salários, melhores condições de trabalho, mais verbas para educação, melhores condições das escolas, melhores gestões, para fazer só isso, é melhor desistir. Nós sabemos que a escola que procurou proporcionar só conhecimento nunca o conseguiu. Consegue apenas fazer com que respondam essas coisas chamadas testes do Saeb ou do Enem. Mas, mesmo aqueles que são aprovados nesses testes, não significa que se educaram. Eu desafio as pessoas aqui presentes a um dia sentarem-se para tentar responder tais testes. Atenção, não estranhem se forem reprovados, pois esses testes não servem para medir sequer conhecimentos; eles medem aquilo que você reteve naquele momento. Depois as pessoas esquecem.

Então, essa é a escola que temos, pela qual passamos e que não nos proporcionou grande conhecimento.

O que é educação, então? Para pensar sobre um conceito rigoroso de educação, partiremos de uma ideia unânime: todos concordam que a educação visa ao ser humano. Mas que humano? Todos aqui, trabalhadores na educação, temos como ideal o homem não apenas como um animal racional, mas pensamos o homem como um ser histórico. E o homem como ser histórico tem uma característica básica: ele não é apenas natureza, ele transcende o animal, ele transcende o natural. Ele aponta para a liberdade, não apenas para a necessidade. Ele aponta para a realização de algo como sujeito. O que nos identifica como seres humanos, o que nos diferencia de qualquer outra espécie é o fato de nós nos pronunciarmos diante do real e criarmos valores. A natureza — aquilo que necessariamente existe — é o que independe da ação humana. O homem não; ele cria algo que não existe. E a primeira coisa que ele cria é um valor. O homem se faz humano na medida em que se pronuncia diante do real, dizendo: "isto é bom, isto não é", ou seja, criando um valor, fazendo-se ético.

Para dar um exemplo: o homem poderia continuar, necessariamente, andando sobre as suas duas pernas, mas, em determinado momento ele diz: "Não! É bom chegar depressa e sem fazer força." Quando ele diz isso, ele cria um valor, coisa que não existe naturalmente. Aí, ele estabelece um objetivo: domestica o cavalo e pode optar entre andar a pé e andar a cavalo. É assim que ele constrói a sua liberdade: antes, ele *necessariamente* andava a pé, agora ele tem a *liberdade* de optar. É assim que nós nos fazemos humanos, é assim que o homem constrói a sua humanidade. Construção que nasce de um valor e que se realiza pela ação articulada ao objetivo. A isso chamamos de trabalho humano. Mas o trabalho não existe no ar, ele existe articulado a um valor. É uma expressão de vontade, uma afirmação de sujeito. Esse é o sentido de sujeito: sujeito não apenas como agente, mas como *autor*. Essa é a condição humana, é a marca registrada do homem: ele constrói tudo o que compõe sua historicidade por ser autor.

Além disso, o homem não se faz, não se constrói historicamente, sozinho. É impossível construirmos sozinhos a nossa existência. A nossa existência material é por nós produzida, mas não diretamente. O que produz a nossa existência material? É o que o homem faz para produzir-se materialmente: sua comida, sua bebida, seu lazer, sua moradia, sua educação, e assim por diante. Mas ele não produz tudo isso diretamente. Ele tem acesso à produção do outro pela divisão social do trabalho. Ele precisa do outro para se produzir. Por isso, o homem só pode ser pensado no plural.

A segunda condição do humano é, pois, esta: o homem é necessariamente plural. Vejam, se ele é necessariamente plural, ele se articula com outros: então, ele é necessariamente político. O conceito de político aqui não se restringe à luta política. Político aqui é tomado no sentido mais amplo e geral: a necessidade que todos temos de convivência com grupos e pessoas. Se sou humano, portanto sujeito, posso pensar, em termos individuais, numa relação de verticalidade com o objeto. Agora, quando eu sei que só existo na relação com outro, existe um outro que também tem interesses, tem desejos, e eu tenho que conviver com ele.

Existem duas formas de convivência com o outro. Posso conviver com o outro autoritariamente, reduzindo-o a objeto, impondo meus interesses: essa é a forma autoritária. Não preciso dizer que essa forma é desumana, que nega a característica fundamental do humano — sua condição de sujeito — reduzindo-o à condição de objeto. Mas eu não existo sem ele. Reduzi-lo à condição de objeto é reduzir-me junto com ele.

Entretanto, existe uma segunda forma, que é a seguinte: em vez de abafar os interesses do outro, vou dialogar com ele, e pensar, trabalhar pacificamente, livremente, construir com ele a liberdade. E, aqui, vejam como o conceito de liberdade não é o mesmo do senso comum: liberdade não é meramente estar solto, não é poder fazer coisas; não. Liberdade não se ganha, liberdade não se dá e liberdade também não se conquista, porque a liberdade conquistada é sempre à custa da liberdade do outro. Liberdade *se constrói*, com o outro. E essa construção da liberdade *com* o outro se dá no diálogo. É o que chamamos de *democracia*, com um sentido mais rigoroso e amplo do que simplesmente democracia como eleição, democracia burguesa, vontade da maioria, etc. Estes componentes são todos importantes, mas estão todos subsumidos a esse conceito mais amplo de democracia como *convivência pacífica e livre entre seres e grupos que se fazem sujeitos*. A palavra fundamental é *sujeito*. Nós nos fazemos humanos na medida em que nos tornamos sujeitos. Todo momento de felicidade ocorre porque você está exercendo sua condição de autor, realizando algo como uma ação orientada pela vontade.

Sabemos que a educação visa ao homem. Vejamos, então, uma terceira condição do humano. Na produção de sua existência, o homem produz conhecimentos, informações, valores, ciência, arte, tecnologia, crenças, etc., tudo o que não existe naturalmente e a que chamamos de cultura. Cultura, aqui, não é tomada, portanto, no sentido restrito — cultura tupiniquim, por exemplo — mas como tudo aquilo que o homem produz em seu fazer-se histórico. O homem tem uma particularidade que é decorrência das duas condições anteriores: ele não precisa, a cada geração, ficar inventando tudo isso de novo; ele tem a condição, a possibilidade, de passar tudo para a outra geração. Cada nova geração se apropria da cultura histórica e essa apropriação da cultura tem um nome: chama-se *educação*.

Vejam que agora a coisa é muito mais ampla, mais grave, mais complexa e também mais difícil. Se a educação visa ao homem e a educação é a apropriação da cultura, é pela educação que nós nos fazemos humanos. Humano no sentido histórico. Mas essa "passagem" da cultura não se dá pelo sangue, não está nos genes. As crianças que nascem hoje nascem iguaizinhas às crianças que nasciam há 15 mil anos. Quando nascemos, somos zero, natureza pura. Começamos a nos diferenciar à medida que nos atualizamos com aquilo que a humanidade fez na história. Atualizar aqui não se refere apenas a informações. Atualizar significa apropriar-se da cultura como ela se encontra no momento em que nascemos e ir-se fazendo humano por sua apropriação. Por exemplo, a criancinha que nascia analfabeta há 15 mil anos, já nascia atualizada a esse respeito, porque todo mundo era analfabeto, já que a escrita ainda não tinha sido criada. Mas ela já podia se atualizar, por exemplo, com relação à fala, ou seja, ela já podia aprender a falar; não precisava esperar séculos para o homem inventar a fala. Hoje, nossas crianças contam com muito mais do que isso. Mas continuam nascendo iguaizinhas àquelas. E, olhem que óbvio, elas só aprendem se alguém ensinar, mesmo que nasçam gênios. (Aliás, há sérias dúvidas quanto a isso de nascerem gênios.)

A Psicologia, a Antropologia, a ciência em geral, tem demonstrado que todos nós nascemos com potencialidades infinitas de aprender absolutamente tudo, com raríssimas exceções de alguns portadores de deficiências mentais graves. Nós só não aprendemos quando não nos ensinam. Por exemplo, se hoje um gênio como Aristóteles ressuscitasse, ele ficaria morrendo de inveja, pois uma criança de sete, oito anos iria explicar a ele que é a Terra que gira em torno do Sol. O Einstein, se ressuscitasse hoje e fosse conversar com um jovem de 13 ou 14 anos, ficaria fascinado de ouvir coisas sobre o genoma que ele nunca imaginou. Por que ele não sabia? Porque não lhe foi ensinado; não porque ele não tivesse condições intelectuais de aprender. Então, não vale dizer que a criança não aprende porque é bagunceira, porque o pai é bêbado, a mãe é prostituta, ou porque ela é lenta, porque "tem problema", como se ouve de muitos educadores escolares. Se ela não sabe, provavelmente não é culpa sua. Pode haver muitos problemas, inclusive externos à escola, mas não é culpa da criança.

A beleza da educação está precisamente em que o educador é tanto mais importante, tanto mais educador, quanto mais ele for meio para propiciar o fim educativo. É pela mediação da educação que as crianças aprendem. E elas aprendem se nós levamos em conta esse objetivo na hora de ensinar. Vejamos como se dá esse processo educativo.

Educação é um trabalho humano, é uma atividade adequada a um fim. Esse é o conceito de trabalho humano, que é diferente da atividade do simples animal, pois este não desenvolve um "trabalho". O tatu, por exemplo, faz um buraco e inclusive muda a natureza, mas faz isso naturalmente, necessariamente. A atividade humana é guiada por um desejo, um sonho, uma vontade, um fim. A educação é um trabalho que tem como fim produzir um ser humano-histórico. A atividade orientada a esse fim é o processo pedagógico.

Esse processo, como todo trabalho, supõe a existência de um "objeto de trabalho". O conceito de objeto de trabalho não se confunde com o de mero objeto. Objeto de trabalho é tudo aquilo que, no processo de trabalho, se transforma no produto. Por exemplo, se vou produzir uma mesa de madeira, uso tábuas, transformo as tábuas em mesa. As tábuas são o objeto de trabalho.

Na educação, o objeto de trabalho é o educando, porque é ele quem se transforma durante o processo. Não se trata simplesmente de sua transformação física, pois não nos interessa o conceito de homem como um ser simplesmente físico. O educando se transforma em sua personalidade viva, se faz humano-histórico na medida em que se apropria da cultura. Ele se diferencia de um simples animal na medida em que se apropria da cultura, em que se educa. Educar-se é transformar-se, assimilando conhecimentos, crenças, valores, condutas, informações, habilidades. É assim que nós transformamos o educando, no processo pedagógico. Então, ele é o objeto de trabalho.

Mas vejam a diferença: no caso da mesa é simples, porque o objeto de trabalho é um mero objeto. Uma lei básica da administração é a seguinte: os meios têm que se articular aos fins. Eu não vou pescar com uma metralhadora, nem vou para a guerra com uma vara de pescar. Então, na produção de uma mesa, tenho como fim produzir um objeto. Portanto, o objeto de trabalho, a tábua, necessariamente, é um mero objeto. No caso da produção pedagógica, nós temos como fim a construção de um sujeito; o objeto de trabalho tem necessariamente de ser sujeito e ele só se educa como sujeito, sendo sujeito.

Ser sujeito significa ser senhor de vontade. A educação, que visa à produção de um ser humano-histórico, só se dá se o educando for um ser de vontade. Significa que o educando *só aprende se quiser*. Isso é óbvio, mas é algo negado na nossa prática diária. Ser sujeito não significa uma mera atividade como pregam alguns métodos e algumas escolas. Não é disso que estamos falando. Estamos falando de ser sujeito, senhor de ação. Ninguém é sujeito se não reflete, não se faz autônomo, cidadão.

Quantas vezes ouvimos dizer que a escola é boa, que tudo está muito bem, mas que o aluno não aprendeu "porque não quis". Como se levar o aluno a querer aprender não fosse a função da educação. Quem quer aprender, aprende em qualquer lugar. Levá-lo a querer aprender é 101% da Didática. Dizer "a escola é boa, mas a criança não aprendeu porque não quis" é o mesmo que dizer que a cirurgia foi um sucesso mas o paciente morreu. Se não houve aprendizado, não houve ensino. Conhecimentos e informações qualquer computador tem, e não precisa de uma relação pedagógica para isso. Se queremos levantar a bandeira da dignidade e da importância da educação, não podemos aceitar que educadores desempenhem papel de computador. Os educadores devem fazer o seu papel de um ser humano que propicia condição de sujeito aos educandos, para que estes se façam sujeitos e aprendam. Essa é a condição educativa.

Mas é justamente aí que a educação se mostra em toda a sua contradição porque é muito mais complexa do que pretender simplesmente "passar" conhecimentos e informações. É prover das informações e dos conhecimentos, porém de uma forma que as crianças e os jovens se façam sujeitos e, por isso, aprendam. Em qualquer profissão, você pode pensar numa relação que ignore a condição de sujeito do outro. Por exemplo, um médico pode dizer "eu curo fulano" e ponto. Em educação, dizer "eu educo fulano" só pode ser entendido como uma força de expressão, como uma licença poética, pretendendo significar: "Eu propicio condições para que fulano *se* eduque." O verbo educar-se é reflexivo. Só existe educação se o educando concorre como sujeito da educação.

Não estou dizendo isso por ser bonzinho ou só porque é bonito. A ciência demonstrou isso: não há condições de aprender se alguém não quer. Por isso, para que o outro aprenda, eu preciso correr o risco de ele não aprender. Não depende só de mim. Depende de eu buscar condições para cativá-lo, seduzi-lo democraticamente. É um ato de democracia, na medida em que eu dialogo com ele, em que eu corro o risco de não convencê-lo, inclusive de ele me convencer do contrário. Mas, para fazer isso, ele tem que estar no exercício de sua condição de sujeito. O contraditório disso é que o caráter de necessidade, ou melhor, de imprescindibilidade do educador aparece precisamente no momento em que sua necessidade desaparece, ou seja, quando o educando, cativado pelo educador, decide aprender e realiza ele sua aprendizagem que, todavia, só se fez possível pela mediação do educador.

Tem gente que morre de medo da palavra sujeito, acha que é subjetivismo. Tudo o que diz respeito a fazer o estudante ser sujeito já chamam de "psicologismo". Vejam o tanto de asneiras que se falou a respeito da Escola Nova. Foi um dos primeiros momentos, com todos os erros que houve, em que se reconheceu que o estudante não pode ser um ser passivo, deve ser um ser que atua. E não basta a simples ação, é preciso uma ação autônoma. Quando fazemos isso, temos que levar em consideração a condição do educando.

Se entendo o educando como sujeito, só posso trabalhar com uma coisa chamada motivação intrínseca. Por exemplo, eu não preciso explicar para um garoto de oito anos que jogar bola é gostoso. Eu dou a bola e ele já sai jogando, porque isso é intrinsecamente gostoso. Na escola tradicional, invertemos tudo. Em vez de uma educação intrinsecamente gostosa, prazerosa, fazemos o contrário. No afã de só passar conteúdos, o que nós fazemos? Utilizamos a motivação extrínseca: um prêmio ("estuda que você vai ganhar um presente") ou um castigo ("se você não estudar, vai ser reprovado"). E o que a criança faz para não ficar mais neurótica do que nós somos? Ela estuda para ficar livre do estudo, e não aprende: finge que aprende. Responde às provinhas que nós damos. Estuda na véspera da prova, assimila muito mal uns tantos rudimentos para realizar a prova e passar, mas educação mesmo, formação da personalidade, não há, porque o ensino tem sido uma coisa chata.

Devemos compreender que a criança se faz sujeito de modo diverso do adulto. Criança de sete, oito anos se faz sujeito brincando e, se não tivermos uma escola que brinca, não teremos uma escola. Este é um retrato do caráter absurdamente anticientífico do nosso ensino. Você entra numa primeira série do ensino fundamental e vai a um curso de pós-graduação e vê que o processo pedagógico é o mesmo. Alguma coisa está muito errada, porque o adulto já tem sua personalidade formada, e até pode fazer-se sujeito apenas sentado numa carteira durante quatro ou cinco horas e ouvindo a exposição do professor, mas a criança tem sua personalidade em formação e, portanto, exige formas mais sofisticadas de ensinar, fundamentadas na ciência e que leve em conta seu desenvolvimento biopsíquico e social.

Em vez disso, até se costuma supor que é necessário conhecer mais para ensinar adultos no ensino superior do que crianças no fundamental e que o professor do fundamental pode ganhar menos do que o da universidade, talvez baseado na suposição de que este último precisa deter mais conteúdos. Que fundamento pode haver em achar que o professor de crianças vale menos em termos profissionais do que o professor de ensino superior? Isso só pode ter por base um conceito equivocado de que para se educar basta repetir conteúdos. Nós nos fazemos humanos e históricos na medida em que nos apropriamos da cultura inteira. Então por que é que a criança vai à escola para estudar as disciplinas tradicionais e não para aprender a dançar, a cantar, a ser companheiro, a votar, a apreciar a arte, a ser artista, a ter tolerância? Como vamos ter cidadãos revolucionários? Apenas mudando conteúdos? Isso está falido. Em educação, forma é conteúdo, método é conteúdo. Não adianta ensinar materialismo histórico proibindo a criança de ser gente. Você está ensinando a violência quando impede que a criança se desenvolva brincando. Você está ensinando violência quando não quer que ela converse com o seu amigo. A criança na escola é proibida de brincar! No entanto, a Pedagogia, no século XX, produziu coisas maravilhosas em termos de instrumental teórico e prático que possibilite à criança ser levada a aprender Matemática, Física, Biologia, Português, etc., ao mesmo tempo que exercite sua condição de ser que brinca, e se faz sujeito brincando.

Na pesquisa para o meu livro *Reprovação escolar: renúncia à educação* (Paro, 2001), tivemos o cuidado de observar a primeira aula do primeiro ano do ensino fundamental, para ver como a escola recebe as crianças. Uma coisa presente nas primeiras aulas de todas as classes: quando as crianças entravam, a professora falava: "Silêncio, crianças! Aqui não é brincadeira, não. Aqui não é mais a pré-escola: aqui é sério." Se não é brincadeira, então fecha a escola! Se você quer formar, quer preparar para a vida, não pode impedir de viver! Preparar para a vida exercitando a não vida!?

Parece que temos de pensar seriamente nisso. Será que não estamos lutando por uma escola quadradinha? Está na hora de parar de se apoiar nas desculpas de que isso é "psicologismo" ou "escolanovismo". Será que não está na hora de a gente pensar — a exemplo do que foi feito em relação à discriminação dos negros, das mulheres, dos deficientes físicos, dos homossexuais — sobre a discriminação das crianças? Proibimos, desde cedo, que elas sejam sujeitos. Com a desculpa de lhes ensinar a viver e de ensinar conhecimentos e informações lhes proporcionamos um ensino chato e omitimos o mais importante, que é ensinar aos alunos a se apropriarem da cultura inteira e se fazerem humano-históricos.

Referências bibliográficas

FREIRE, Paulo. *Pedagogia do oprimido*. 2. ed. Rio de Janeiro: Paz e Terra, 1975.

PARO, Vitor Henrique. *Reprovação escolar*: renúncia à educação. São Paulo: Xamã, 2001.

TEIXEIRA, Anísio S. Nota preliminar. In: KESSEL, Moysés I. A evasão escolar no ensino primário. *Revista Brasileira de Estudos Pedagógicos*. Rio de Janeiro, v. 22, n. 56, p. 53-55, out./dez. 1954.

Apêndice 2

A educação é necessariamente política*
(Entrevista)

Portal do Professor: No artigo "Educação para a Democracia: o elemento que falta na discussão da qualidade do ensino"[1] o senhor cita que um dos maiores problemas da educação brasileira é ela ser analisada em pequenos aspectos e não por inteiro. Como essa análise pode ser feita em uma dimensão maior e por que o senhor defende essa abordagem sistêmica, ou seja, do todo?

Vitor Paro: O debate deve começar pelo conceito de educação em toda a sua amplitude. Em geral, fala-se em educação, mas poucos entendem tecnicamente de educação e

---

* Texto originalmente publicado em: Inep.gov.br. Disponível em: <http://www.portaldoprofessor.inep.gov.br/entrevistas/vitor_paro.jsp>. Acesso em: 7 abr. 2004.

1. Trabalho apresentado na 23ª Reunião Anual da ANPEd, realizada em Caxambu (MG) de 24 a 28/9/2000. Publicado em: *Revista Portuguesa de Educação*. Braga, v. 13, n. 1, p. 23-38, 2000. Também publicado em PARO, Vitor Henrique. *Escritos sobre educação*. São Paulo: Xamã, 2001, p. 33-47.

de escola. O pior é que quase todos se metem a falar de forma até leviana, sem nenhum conhecimento mais rigoroso sobre educação, como se ela não constituísse um campo de conhecimentos científicos bastante desenvolvido. Para o senso comum, educação é a mera passagem de informações e conhecimentos. Educação, entretanto, não é só isso. Se fosse somente para passar informação, não necessitaríamos de instituições especializadas como as escolas. Informação, qualquer livro ou computador passa. Educação é o processo pelo qual nós nos tornamos humano-históricos, pela apropriação da cultura. Mas cultura aqui precisa ser entendida em seu sentido mais rigoroso e abrangente, como o conjunto de valores, conhecimentos, crenças, tecnologia, arte, costumes, filosofia, ciência, tudo enfim que constitui a produção histórica do homem. É por meio dessa apropriação que cada um de nós constrói nossa própria personalidade humano-histórica e nos diferenciamos da mera natureza. E isso não se dá espontaneamente, naturalmente, mas como resultado de um complexo processo que precisa ser conhecido cientificamente, se quisermos proporcionar sua ocorrência. E isso é que é sistematicamente ignorado em certos meios governamentais. Ninguém ignora que precisa conhecer cientificamente medicina para proporcionar saúde e cura de moléstias, assim como ninguém ignora que precisa entender de arquitetura e engenharia para construir edifícios sólidos. Mas, infelizmente, parece que sobre uma coisa tão importante como a promoção da autoconstrução histórica do próprio cidadão todos podem dar palpite ignorando os mais elementares conhecimentos científicos a esse respeito.

P. P.: Ainda no referido artigo, o senhor afirma que "uma das maiores preocupações vividas dentro de sala de aula são os exames e provas". Por quê? Na sua opinião, o aprender ficou em segundo plano? Como reverter a "cultura da reprovação", que é vivida por professores e alunos?

V. Paro: Em meu livro *Reprovação escolar: renúncia à educação* eu trato melhor desse assunto. A escola incompetente é aquela que só prepara o aluno para o vestibular, em que o aluno estuda só para passar. Essa forma de escola é burra e já foi condenada pelos grandes educadores. Paulo Freire não aprovava essa escola e Anísio Teixeira já falava sobre a estupidez da reprovação. É o ensino ruim que precisa de reprovação. É comum dizer-se que o mau ensino é culpa do professor. Na verdade, a principal causa do mau ensino são a falta de condições de trabalho e a falta de apoio para o professor. Mas este, não tendo como se defender, acaba por jogar a responsabilidade sobre o aluno, simplesmente reprovando-o. Quando não se tem mais a reprovação como desculpa para o mau ensino, as pessoas começam a se preocupar, porque aí é preciso procurar outras causas para o fracasso escolar. É por isso que a progressão continuada tem incomodado tanta gente. Antes, o fracasso era acobertado, porque a escola não ensinava, o aluno não aprendia, mas ele era reprovado, posto para fora da escola e só ficavam em evidência aqueles que tinham sucesso. Com a promoção automática, não. Se a escola continuar não ensinando, sua incompetência aparece. Mas, o que se tem de fazer não é voltar à reprovação, é melhorar o ensino. A chamada "boa" escola tradicional podia dar-se ao luxo de ser incompetente, porque ela atendia uma pequena elite de alunos que aprendiam *apesar* da escola, e era extremamente seletiva, reprovando e eliminando aqueles a quem ela não tinha competência para ensinar. Isso, em grande medida, acontece com muitas das chamadas "boas" escolas privadas de hoje, cuja competência consiste, na verdade, em selecionar aqueles poucos que, por sua origem de privilégios, precisam pouco da ajuda da escola. Entretanto, a escola pública universal *não pode dar-se a esse luxo*. Ela precisa ser competente, porque seus alunos não aprendem sozinhos. Se ela não ensinar (e se não tiver a reprovação como álibi) sua incompetência aparece.

P. P.: O professor Milton Santos, em uma de suas últimas entrevistas no programa *Conexão Roberto D´Avila*, afirmou que o maior problema do Brasil relaciona-se ao fato de que as escolas não formam cidadãos e sim consumidores. No seu artigo, o senhor também menciona essa cultura de consumidor. Como mudar esta realidade?

V. Paro: Em outra entrevista a que assisti, o mesmo Milton Santos diz que a diferença entre cidadão e consumidor é que o consumidor se apropria de bens finitos, que se acabam com o consumo, enquanto o cidadão se apropria de bens que, quanto mais ele consome, mais ele pode consumir, são para sempre. Na verdade, o próprio consumo é um direito do cidadão. Para vivermos, precisamos consumir de alguma forma os bens e serviços que são produzidos socialmente. Mas, no senso comum da sociedade mercantil, o termo consumidor está associado a uma estrita relação de compra e venda. Como se, afora isso, nada fosse possível, ou legítimo. Por isso, é bom associar a educação ao direito do cidadão que, como sujeito humano-histórico, tem o direito de apropriar-se da cultura produzida historicamente e que deve ser herança de todos, não privilégio de uma minoria que pode pagar por ela.

P. P.: O senhor considera a política uma aliada do processo educacional? Como o professor pode levar esse tema para sala de aula?

V. Paro: Olha, na verdade, eu penso que é até muito mais do que isso. Eu tenho defendido que a educação é necessariamente política. E mais: necessariamente democrática. Mas, aí, temos que refletir a partir de um conceito mais amplo de política e de democracia. A política, por exemplo, não pode ser pensada apenas como partidos, eleições, ou mesmo apenas como luta pelo poder. A política se faz necessária porque o homem não é um ser isolado. Ele é um ser social, ou seja, necessariamente plural, pois depende do outro (melhor dizendo, dos outros, de todos os outros) para viver. É, pois, um sujeito (autor, senhor de vontade), entre outros sujeitos. Daí que precisa conviver com outros. E é aqui que surge o conceito de política em seu sentido amplo e rigoroso, como a produção da convivência entre sujeitos sociais. Essa convivência pode ser imaginada de duas maneiras. Ela é imposta, quando uma parte exerce sua subjetividade, reduzindo a outra à condição de objeto. É o autoritarismo, a dominação. Mas ela também pode ser dialógica, ou seja, aquela convivência que preserva e promove a condição de sujeito (autor, portador de vontade) de todos os envolvidos. Neste último caso, temos a política exercida como democracia, isto é, como convivência pacífica e livre entre sujeitos históricos. Se, a par disso, entendermos a educação como apropriação da cultura, com o fim de produzir sujeitos históricos, fica fácil deduzir que esse processo só pode dar-se de modo democrático, isto é, a relação pedagógica construtora do homem histórico exige a condição de sujeito do educando, pois que ninguém se faz humano-histórico se não quiser, se não se fizer autor (condição de sujeito). Por isso que o principal desafio da pedagogia é precisamente o de levar o aluno a querer aprender, ou seja, proporcionar uma relação eminentemente democrática, uma relação entre sujeitos que se afirmam como tais.